乡镇财会实务系列丛书

跟我学做往来账会计

北京智浪奇管理咨询事务所　著

主　编　张洪兵

副主编　王开阳　仇桂保　卢　龙

中国社会出版社

图书在版编目(CIP)数据

跟我学做往来账会计/张洪兵主编．—北京：中国社会出版社，2005.7

(乡镇会计培训丛书)

ISBN 978－7－5087－0632－0

Ⅰ．跟…　Ⅱ．张…　Ⅲ．会计账簿　Ⅳ．F231.4

中国版本图书馆 CIP 数据核字(2005)第 076145 号

书　　名：跟我学做往来账会计
主　　编：张洪兵
特邀编辑：孟　东　李　建
责任编辑：张　承

出版发行：中国社会出版社　邮政编码：100032
通联方法：北京市西城区二龙路甲 33 号新龙大厦
电话：(010)66080300　(010)66083600
(010)66085300　(010)66063678
邮购部：(010)66060275　电传：(010)66051713
网　　址：www.shcbs.com.cn
经　　销：各地新华书店

印刷装订：北京天顺鸿彩印有限公司
开　　本：140mm×203mm　1/32
印　　张：4.5
字　　数：100 千字
版　　次：2005 年 7 月第 1 版
印　　次：2014 年 7 月第 5 次印刷
定　　价：9.00 元

建设社会主义新农村书屋

编辑指导委员会

农村经济发展与经营管理图书编辑委员会

乡镇财会实务系列丛书

总序 造就新农民 建设新农村

李学举

党的十六届五中全会作出了建设社会主义新农村的战略部署。在社会主义新农村建设过程中，大力发展农村文化事业，努力培养有文化、懂技术、会经营的新型农民，既是新农村建设取得进展的重要标志，也是把社会主义新农村建设不断推向前进的基本保证。

为落实中央的战略部署，中央文明办、民政部、新闻出版总署、国家广电总局决定，将已开展三期的“万家社区图书室援建和万家社区读书活动”由城市全面拓展到农村，“十一五”期间计划在全国三分之一以上的村委会开展农村图书室援建和读书活动，使两亿多农民由此受益，让这项造福城市居民的民心工程同时也造福亿万农民群众。中央领导同志对此十分重视，中共中央政治局委员、国务院副总理回良玉同志作出重要批示：“发展农村文化事业是新农村建设的重要内容，也是农村发展中一个亟待加强的薄弱环节。在农村开展图书室援建和读书活动，为亿万农民群众送去读得懂、用得上的各种有益书刊，对造就有文化、懂技术、会经营的新型农民，满足农民全面发展的需求，将发挥重要作用。对这项事关农民切身利益、事关社会主义新农村建设的重要活动，要精心组织，务求实效。”

中共中央政治局委员、中央书记处书记、中宣部部长刘云山同志也作出重要批示。他指出："万家社区图书室援建和万家社区读书活动，是一项得人心、暖人心、聚人心的活动，对丰富城市居民的文化生活、推动学习型社区建设发挥了重要作用。这项活动由城市拓展到农村，必将对丰富和满足广大农民群众的精神文化生活，推动社会主义新农村建设发挥积极作用。要精心组织，务求实效，把这件事关群众利益的好事做好。"

为了使活动真正取得实效，让亿万农民群众足不出村就能读到他们"读得懂、用得上"的图书，活动的主办单位精心组织数百名专家学者和政府相关负责人，编辑了"建设社会主义新农村书屋"。"书屋"共分农村政策法律、农村公共管理与社会建设、农村经济发展与经营管理、农村实用科技与技能培训、精神文明与科学生活、中华传统文化道德与民俗民风、文学精品与人物传记、农村卫生与医疗保健、农村教育与文化体育、农民看世界等10大类、1000个品种。这些图书几乎涵盖了新农村建设的方方面面。"书屋"用农民的语言、农民的话，深入浅出，使具有初中文化水平的人就能读得懂；"书屋"贴近农村、贴近农民、贴近农村生活的实际，贴近农民的文化需求，使农民读后能够用得上。

希望农村图书室援建和农村读书活动深入持久地开展下去，使活动成为一项深受欢迎的富民活动，造福亿万农民。希望"书屋"能为农民群众提供一个了解外界信息的窗口，成为农民学文化、学科技的课堂，为提高农民素质，扩大农民的视野，陶冶农民的情操发挥积极作用。同时，也希望更多有识之士参与这项活动，推动农村文化建设，关心支持社会主义新农村建设。

值此"新农村书屋"付梓之际，以此为序。

前　言

我国正在由一个农业大国向工业化国家过渡，全国大部分的人口仍在农村和乡镇。农村和乡镇各经济主体财务会计管理工作的规范化、制度化，将有助于农村和乡镇经济持续、健康、稳定的发展。“乡镇财会实务系列丛书”有针对性、全方位地介绍了乡镇经济主体的财会工作的内容、方法和业务流程专业知识，是我们汇集切身工作经验，对实际工作中先进的管理方法的提炼和融合。本套丛书具有以下特点：一、全面的乡镇财会知识介绍；二、完整的乡镇财会实务展示；三、实用财务管理方法的提炼；四、理论知识与实务例证的融合。因而本套丛书将会成为乡镇财会人员工作中的好帮手。

我国乡镇经济主体在性质上种类多样，各自执行的会计制度和财会实务操作差别较大。概括地说，我国乡镇经济主体的类别及其会计核算的特点如下：①乡镇行政单位，主要指党政办公机构，是不从事创收活动的非盈利性单位，财务管理以财政预算拨款为中心，日常财务收支必须严格服从国家预算管理的要求，这些单位会计主体单一，以收付实现制为会计核算的基础，并不需要核算成本，执行《行政单位会计制度》。②全额拨款事业单位和差额补助事业单位，主要包括文教科卫、农林水利气象、优抚等事业单位，这些单位经费来源既有财政预算拨款，又有自己创收的收入，从事经营活动的可以依法进行成本核算，会计核算一般采用收付实现制，但经营性收支业务可采用权责发生制，主要执行《事业单位会计制度》。③村集体经济组织，主要指按村或村民小组设置的社区性集体经济组织，会计核算采用权责发生制，自 2005 年 1 月 1 日开始依法执行《村集体经济组织会计制度》。④自收自支的事业单位和企业，依法执行国家企业性会计制度。

目前我国乡镇会计核算体制差异比较大，有的已经实行乡镇会计集中核算，例如：江苏省“村账乡管”模式，有的仍是各乡镇经济主体自行管理会计核算工作。为了更客观、全面地介绍乡镇会计实务工作，本套丛书采取按经济主体类别分别介绍其财会实务操作。

本套丛书总的内容包括乡镇经济主体的会计实务基础知识、总账、往来账、成本、税收、财务分析和财务预算会计实务七个部分。本书主要介绍往来账会计实务，书中全面系统地向读者介绍了往来账会计岗位的实务工作内容和职责。我们对往来账会计实务的介绍，既有工作经验方面的总结，又紧密地辅之以实际案例，将工作经验与实务工作紧紧地融合在一起，让读者全面真切地体验各乡镇经济主体往来账会计工作。

在本书写稿过程中，江苏省淮安市楚州区财政局王开阳、仇桥镇财政所仇桂保、卢龙同志对本书的完稿给予了很大帮助，在此一并表示感谢。

由于本书成书仓促，见解方面也难免会有疏漏，如有不足之处，恳请广大读者指正，以便本书再版时能加以补正。

张洪兵

于北京

目　　录

第一章　乡镇经济主体往来账会计实务概述

第一节　往来账会计岗位职能及其重要性

一、往来账会计岗位职能

（一）往来账挂账管理

往来账户用来管理经济主体的债权债务，经济主体债权增加和债务增加，都称为“挂账”。在实务中，经济主体对往来账挂账管理包括：合同会签、审核原始单证与制作记账凭证，往来账户建立与过账核算，本期往来账挂账分析与编制分析报告等。

在建账和过账核算时，往来账会计将每笔增加的债权和债务都分别记录在特定的单位或个人名下，单独核算，以便于管理和控制。

（二）往来账销账管理

通常，经济主体债权减少和债务减少，都称为“销账”。在实际工作中，经济主体对往来账销账管理包括：审核原始单证与制作记账凭证，过账核算，本期往来账销账分析与编制分析报告等。

在过账核算时，往来账会计将每笔减少的债权和债务金额都分别记录在已建立往来账户的单位或个人名下，逐笔核销往来账。经济主体往来账户如果不能及时结清，上一会计核算年度已挂账的往来，将逐年向后延续。

（三）企事业单位账龄分析管理

为了加强对债权债务的管理，企事业单位通常对往来账余额进行账龄分析管理。账龄分析管理包括：通过往来账户余额的账龄分析，及时反映债权回收和债务偿还情况，编制账龄分析报告。

会计对往来账户余额按账龄实行分类管理，编制账龄分析表，及时反映债权债务清偿情况，以便于企事业单位高层领导制订相应的管理政策，有重点、有针对性地加强对债权性往来账户的清欠，同时控制债务性往来金额的增减。

（四）企事业单位客户信用管理

在实务中，企事业单位客户信用管理通常包括：客户信用评估、赊销期管理、赊销期折扣管理、信用预警管理、索债管理等一整套管理制度，在客户信用管理制度的制订和执行过程中，会计的财务分析和财务预算技能起着重要作用。

客户信用评估，通常是对客户偿还到期债务的能力和意愿的评价。对于销售业务，如果经过财务分析和评估认定，客户到期能及时付款，企事业单位会更有理由选择放账销售，例如：在合同中约定“发货后 30 日内付款”；对于采购业务，如果评估结果表明，客户到期能依约交货或提供劳务，企事业单位会更有理由提供预付款。

在企事业单位赊销政策的制订、执行和信息反馈过程中，会计通过财务分析和财务预算手段，对收入增加、商业折扣及其税金、资金成本、坏账成本和收账费用等进行合理规划，协助企事业单位高层领导制订、实施和及时调整营销政策。

（五）企事业单位往来账索债管理

会计和销售人员及时对账，对于到期未收款项，会计和销售人员联合催账，督促销售人员加紧催款；对于久拖不还的欠款，会计协助法律人员依法进行诉讼索债。往来账会计负责定期编制清欠报表，及时向企事业单位高层领导报告清欠情况。

（六）企事业单位商业信用融资管理

客户的商业信用是企事业单位资金的来源渠道之一。往来账会计通过分析客户的赊销政策和赊销期折扣，计算比较资金成本，并将分析和计算结果报告给单位高层领导，以便于及时调整经营计划，更经济有效地运作资金。

二、往来账会计岗位重要性

（一）内部控制的重要环节

往来账会计通过自身的岗位职责，参与销售业务管理、采购业务管理和其他日常往来账管理工作，从财务角度控制经济主体的物资流、资金流和信息流，并承担相应的岗位责任。会计通过参与购销合同会签，对有关合同条款进行审核确认；通过审核原始单证和有关业务资料，进行入账确认；通过往来账户管理和逐笔核算，及时反映经济主体的债权和债务增加、减少和余额情况；通过与业务人员对账和参与索债，及时对经济主体债权和债务的结余情况和清欠情况进行管理。

（二）必要的业务审核

会计审核是经济主体购销合同签订和债权债务入账的前提。往来账会计通过审核购销合同有关条款，对合同进行确认，明确责任；通过审核销售人员、采购人员或其他当事人提交的单证和合同资料，对有关债权债务的真实性、时效性、合法合规性和正确性等进行确认，并制作记账凭证入账；通过审核出纳填制的进账单、电汇或信汇委托书、银行汇票委托书、托收承付委托书和委托收款委托书等单证和支票、银行汇票、商业承兑汇票和银行承兑汇票等票据，确认单证和票据填写的正确性，在办理签章（财务印鉴）手续后，交出纳办理收付款。

（三）企事业单位债权安全管理的保障

往来账会计参与制订、执行客户信用管理制度，并及时反馈信息，协助经济主体高层领导合理规划营销政策；参与购销合同会签，及时审核合同有关条款，签署意见，确保业务款项安全结算；建立往来账户，核算经济主体债权挂账、销账和余额，定期编制分析报告，及时反映债权增减情况；定期分析账龄余额，编制账龄分析报告，及时反映债权回收情况；参与企事业单位索债管理，与销售员联合催账，协助法律事务人员索债，从而，在一定程度和范围内保障债权的安全管理。

（四）企事业单位债务管理的需要

会计建立往来账户，核算企事业单位债务挂账、销账和余额，定期编制分析报告，及时反映债务增减情况；定期分析账龄余额，编制账龄分析报告，及时反映债务偿还情况；与业务员及时对账，确保债务的正确性；参与商业信用融资管理，编制商业信用融资分析报告，协助企事业单位高层领导合理、经济、有效地运作资金。

（五）为财务分析和财务预算提供依据

往来账会计定期编制的债权债务挂账分析报告、销账分析报告、账龄分析报告、客户信用分析报告、清欠报告和商业信用融资分析报告等，既为财务分析人员的横向分析和趋势分析提供了资料，也为企事业单位高层领导的决策提供了资料，并有助于企事业单位及时调整经营政策，合理规划财务预算，更及时有效地控制债权债务和资金流。

第二节 乡镇经济主体往来账核算管理差异

一、乡镇行政单位往来账核算管理

乡镇是我国最基层的行政管理单位。目前我国乡镇行政管理单位主要包括：乡镇党委、政府、妇联、团委、财政所、公安派出所、土地管理所、工商所等行政单位。他们依法在各自的职责范围内管理着地方政治、经济、文化等各项事业。

乡镇行政单位往来账核算科目主要有："暂付款"、"暂存款"、"应缴预算款"、"应缴财政专户款"，其中：

（一）"暂付款"用来核算本单位内部人员差旅费借款、因公借款、预付物资采购款等债权性业务。

（二）"暂存款"用来核算收到外单位交来委托办事资金、物资采购应付未付款、房屋出租收取的押金、应拨未付下级单位的财政专户款等债务性业务。

（三）"应缴预算款"用来核算纳入预算管理的政府性基金、行政性收费、罚款、没收财物变价款、无主财物变价款、赃款和赃物变价款，其他应缴预算的资金，每月月末均应清理结缴国家财政专库，不得缓缴、截留、挪用或自行坐支。

（四）"应缴财政专户款"用来核算行政单位按规定代收的应上缴财政专户的预算外资金，例如：用于乡政府开支的乡自筹和乡统筹资金。行政单位预算外资金实行全额上缴的，收到时全部作为应缴财政专户款；实行比例上缴的，只有按上缴比例计算出的部分金额作为应缴财政专户款；实行结余上缴的，收到预算外资金时不作为应缴财政专户款，只有当定期计算出结余时，结余部分才转为应缴财政专户款。每年年末均应清理结缴国家财政专库，不留余额。

二、全额拨款和差额补助事业单位往来账核算管理

目前我国乡镇全额拨款事业单位主要有：畜牧兽医站、水产站、农技推广站、卫生防疫站、文化站等。差额补助事业单位主要有：学校和医院等。

全额拨款事业单位和差额补助事业单位往来账核算科目主要有“应收账款”、“预收账款”、“应付账款”、“预付账款”、“其他应收款”、“其他应付款”、“应缴预算款”、“应缴上级款”、“应缴财政专户款”，其中：

（一）“应收账款”用来核算事业单位因赊销商品、产品或提供劳务而形成的应向购货客户或接受劳务的客户收取的款项和代垫的运杂费。

（二）“预收账款”用来核算事业单位（卖方）在交付货物之前收取买方货款而形成的债务。

（三）“应付账款”用来核算事业单位因购买材料、物资或接受劳务而形成的应付给有关单位的款项。

（四）“预付账款”用来核算事业单位按照合同的约定，预付给供货方或提供劳务方的款项。

（五）“其他应收款”用来核算事业单位不是因赊销商品、产品或提供劳务而形成的应收债权，主要有：职工因公借款、差旅费借款等。

（六）“其他应付款”用来核算事业单位不是因购买材料、物资或接受劳务而形成的应付给有关单位或个人的款项，主要有：职工集资借款、赔款等。

（七）“应缴预算款”用来核算事业单位代收的纳入预算管理的基金、行政性收费收入、罚没收入、无主财产变价收入和其他按预算管理规定应上缴预算的款项，每月月末均应清理结缴国家财政专

库，不得缓缴、截留、挪用或自行坐支。

（八）“应缴上级款”用来核算事业单位按规定应上缴上级单位的款项。每年年末均应清理结缴上级单位，不留余额。

（九）“应缴财政专户款”用来核算事业单位按规定代收的应上缴财政专户的预算外资金，例如：国务院或省级人民政府及其财政、计划（物价）部门审批的行政事业性收费。事业单位预算外资金实行全额上缴的，收到时全部作为应缴财政专户款；实行比例上缴的，只有按上缴比例计算出的部分金额作为应缴财政专户款；实行结余上缴的，收到预算外资金时不作为应缴财政专户款，只有当定期计算出结余时，结余部分才转为应缴财政专户款。每年年末均应清理结缴国家财政专库，不留余额。

三、村集体经济组织往来账核算管理

村集体经济组织往来账核算科目主要有“应收款”、“应付款”、“内部往来款”，其中：

（一）“应收款”用来核算发生的应收及暂付款项，例如：应收未收物资销售款、预付物资采购或劳务款、预付押金等。

（二）“应付款”用来核算发生的应付及暂收款项，例如：应付未付购货款、应交税金、应付水电费、预收农副产品预购订金、预收押金等。

（三）“内部往来款”用来核算村集体经济组织与承包单位、所属单位及农户的经济往来业务，例如：承包单位和农户应上交而未上交的承包款、承包单位和农户从村里借款、村里为承包单位和农户垫付的资金、村里对承包单位和农户物资或劳务采购业务、村里对承包单位和农户物资销售业务等。

四、企业和自收自支事业单位往来账核算管理

目前我国乡镇自收自支事业单位主要有：农电站、粮管所、农贸市场管理所等。按照国家有关规定，自收自支事业单位实行企业化管理。

企业和自收自支事业单位往来账核算科目主要有“应收账款”、“预收账款”、“应付账款”、“预付账款”、“其他应收款”、“其他应付款”、“应收家庭农场款”、“应付家庭农场款”等，其中：

（一）“应收账款”用来核算企业因赊销商品、产品或提供劳务而形成的应向购货客户或接受劳务的客户收取的款项和代垫的运杂费。

（二）“预收账款”用来核算企业（卖方）在交付货物之前收取买方货款而形成的债务。

（三）“应付账款”用来核算企业因购买材料、物资或接受劳务而形成的应付给有关单位的款项。

（四）“预付账款”用来核算企业按照合同的约定，预付给供货方或提供劳务方的款项。

（五）“其他应收款”用来核算企业不是因赊销商品、产品或提供劳务而形成的应收债权。

（六）“其他应付款”用来核算企业不是因购买材料、物资或接受劳务而形成的应付给有关单位或个人的款项。

（七）“应收家庭农场款”用来核算农业企业应收、暂付家庭农场的各种款项，如企业应向家庭农场收取的劳动保险费、福利费、管理费、利润、代购农用生产资料款等。

（八）“应付家庭农场款”用来核算农业企业应付、暂收家庭农场产品尚未结算的款项、代存家庭农场的其他收入等。

第二章 乡镇行政单位往来账会计实务

第一节 暂付款和暂存款会计管理实务

一、暂付款管理实务

（一）流程管理

1. 流程图

填写单证 → 部门审核 → 财务审核 → 审批手续 → 付款 → 入账核算 → 报销或入库手续审核 → 入账核算

2. 流程说明

2.1 经办人填写固定格式的单证，如果是因公借款，凭公事证明填写“借款单”；如果是差旅费借款，凭“派遣单”填写“差旅费审批单”；如果是预付物资采购或劳务款，凭有关合同和支出计划填写“付款审批单”，交本部门负责人审核签字；

2.2 经本部门负责人审核签字后，由财务负责人结合相应的证明文件审核有关单证和部门审核意见，并签署意见；

2.3 经财务负责人审核后，上交单位主管领导审批；

2.4 经领导审批后，会计审核审批意见，制作记账凭证，交出纳办理付款手续，将有关款项支付入账核算；

2.5 对于因公借款和差旅费借款，会计按照单位管理制度的规定及时催促报销，报销时审核有关发票单证和审批手续，根据单位主管领导审批的可以列支费用额度，钱款多退少补，一借一清，出纳及时办理现金收付工作，并入账核算；对于物资采购或劳务预付款，会计根据物资到货或劳务提供情况，审核实物验收单及入库单，劳务完工验收单等单证和审核手续，无误后，办理预付款项结算和款项多退少补手续，并入账核算。

3. 单证举例

例 1. 差旅费报销单

差旅费报销单

2001 年 2 月 21 日

出发地				到达地				公用补助			车船飞机费	卧铺	宿费	市内车费	邮电费	其它	合计金额
月	日	时	地点	月	日	时	地点	天数	标准	金额							
2	7		淮安	2	7		广州	15	8	120	900		300	30	50	400	1800
2	23		广州	2	23		淮安				900						900
																	¥2700
合计人民币（大写）贰仟柒佰元整																	
备　注			“其它”费用：包括可以实报实销的招待费 200 元和礼品费 200 元														
单位领导：				财务负责人							部门审核人：				公出人姓名		

例 2. 借款单

借款单

部门：	借款人：	事由：
部门负责人审核：		
借款金额（人民币大写）： 小写________________		
备　注：		
财务负责人审核：	单位领导审批：	

（二）暂付款挂账管理

暂付款挂账主要包括：内部人员差旅费借款、因公借款、预付物资采购款等。

1. 审核单证，制作记账凭证

（1）内部人员差旅费借款

审核单证：结合出差派遣单，审核差旅费借款审批单等单证，确认入账依据、金额和合法合规性等。

制作记账凭证：借记“暂付款——××个人”，贷记“现金”等相关科目。

（2）因公借款

审核单证：审核借款审批单、付款单证等单证，确认入账依据、金额和合法合规性等。

制作记账凭证：借记“暂付款——××个人”，贷记“现金”等科目。

（3）预付物资采购款

审核单证：结合有关采购合同，审核“付款审批单”、付款单证等单证，确认入账依据、金额和合法合规性等。

制作记账凭证：借记“暂付款——××单位（或个人）”，贷记“银行存款——××信用社”、“现金”等科目。

2. 暂付款挂账实例

实例：2004年6月5日A乡王某去四川省城参加会议，送来差旅费借款单，借款1000元。

账务处理：会计结合会议通知，审核差旅费借款单及其审核审批手续等，确认入账依据的真实性、完整性、合法合规性和“证证”一致性，无误后，进行下列账务处理：

制作记账凭证时，在“摘要”栏填写“王某去四川省城参加会议借款”，在“科目”和“金额”栏分别按总账科目和明细科目、借方和贷方填写分录，即借记“暂付款——王某1000”，贷记“现金1000”，将会议通知和差旅费借款单等单证作为原始凭证贴在记账凭证后面入账。

在登记账簿时，往来账会计在暂付款账簿的子科目“王某”下单设账页，并将上述业务及金额过入账簿。

（三）暂付款销账管理

1. 审核单证，制作记账凭证

（1）报销差旅费

审核单证：审核差旅费报销审批单、出差派遣单、有关车票和发票等单证，确认入账依据的真实性、完整性、合法合规性和“证证”一致性。

制作记账凭证：借记“经费支出——基本支出（差旅费）”等科目，贷记“暂付款——××人”，差旅费借款报销结算款多退少补时，借记（或贷记）“现金”。

（2）报销会议费等因公支出

审核单证：审核费用报销审批单、有关费用支出发票等单证，确认入账依据的真实性、完整性、合法合规性和“证证”一致性。

制作记账凭证：借记“经费支出——基本支出（会议费）”等科目，贷记“暂付款——××人”，因公借款报销结算款多退少补时，借记（或贷记）“现金”。

（3）预付款物资采购到货

审核单证：结合采购合同、发票审核“入库单”等单证，确认入账数量、单价、金额和真实性、合法合规性。

制作记账凭证：借记“经费支出——基本支出（会议费）”等科目，贷记“暂付款——××单位”。（注：如果采购图书或设备等固定资产，同时借记“固定资产——××设备”，贷记“固定基金”）

(4) 暂付款债权灭失

审核单证：审核有关债权灭失证明（例如：债务单位破产公告）和乡镇主管领导审批意见等单证，确认入账依据、金额和合法合规性等。

制作记账凭证：借记“经费支出——基本支出（坏账）”等科目，贷记“暂付款——××单位”。

2. 暂付款挂账实例

实例：2004 年 10 月 8 日，C 镇政府办公室陈二报销差旅费 682 元，差旅补助 200 元，同时结清上月差旅费借款 1000 元，退回现金 118 元。

账务处理：会计审核车票、差旅费报销单、现金收款收据等，确认入账依据的真实性、完整性、合法合规性和“证证”一致性。

10 月 8 日，会计在记账凭证“摘要”栏填写“政府办公室陈二报销差旅费结清借款”，在“科目”和“金额”栏分别按总账科目和明细科目、借方和贷方填写分录，即借记“经费支出——基本支出（差旅费）882”，借记“现金 118”，贷记“暂付款——政府办公室陈二 1000”，金额都以“蓝”字入账，将车票、差旅费报销单、现金收款收据等单证贴在记账凭证后面入账。

在登记账簿时，往来账会计在暂付款账簿的子科目“政府办公室陈二”下将上述业务及金额过入账簿。

(四) 暂付款账簿和财务分析管理

暂付款账簿管理详见第五章内容。

暂付款财务分析管理主要有暂付款期末余额构成分析、暂付款账龄分析等，详见第五章有关内容。

二、暂存款管理实务

(一) 流程管理

暂存款的核算内容涉及的经济业务事项多，而且每种业务的运作流程差异较大。总的来说，暂存款主要有下列业务，即：收到外单位交来委托办事资金、物资采购应付未付款、房屋出租收取的押金、应拨未付下级单位的财政专户款。

1. 收到外单位交来委托办事资金

1.1 流程图

委托办事证明 → 收款 → 入账核算 → 付款审批 → 付款 → 入账核算 → 余款结算 → 入账核算

1.2 流程说明

1.2.1 收到委托方交来的现金或开户行提交的收款单证时，会计结合有关委托办事证明审核收款单证，办理入账核算。

1.2.2 根据委托方办事要求，经办人对外支付委托办事资金时，会计审核“付款审批单”和审批手续，无误后，办理对外付款，并入账核算。

1.2.3 按委托方办事要求对外支付委托办事资金后，如果委托办事资金还有剩余办理退款时，会计审核“付款审批单”和审批手续，无误后，办理结算和对外付款，并入账核算。

2. 物资采购应付未付款

2.1 流程图

签订采购合同 → 收货通知单 → 台账 → 入库单 → 会计审核制单 → 付款结算 → 对账

2.2 流程说明

2.2.1 会计参与采购合同文本会签。

2.2.2 货物运达后，由物资采购部门经办人查验数量和损毁情况，质检人员依据合同规定的标准检验质量后，物资采购部门经办人制作“收货通知单”，经会计签字确认后，交材料仓库办理入库。

2.2.3 会计在审核“收货通知单”时，登记采购管理台账备案。

2.2.4 审核无误后，仓库经办人开具“入库单”，仓库负责人审核确认，物资采购部门经办人在“入库单”上签字后，仓库经办人将“入库单”中的一联交给物资采购部门备查，一联交给会计审核入账。

2.2.5 会计审核入库单，审核无误后，制作记账凭证入账核算，并在采购管理台账上做记录。

2.2.6 会计依据规定的管理程序办理付款，结算购货款。

2.2.7 会计和物资采购部门经办人定期对账，发现不一致时，及时查明情况，并作出处理。

3. 房屋出租收取的押金

3.1 流程图

3.2 流程说明

3.2.1 会计参与房屋租赁合同文本会签。

3.2.2 收到承租方交来的房屋出租押金时，会计结合房屋租赁合同审核收款单证，办理入账核算。

3.2.3 房屋租赁期满或承租方提前退租时，会计结合房屋租赁合同，审核“付款审批单”和审批手续，无误后，办理房屋租赁结算和对外付款，并入账核算。

4. 应拨未付下级单位的财政专户款

4.1 流程图

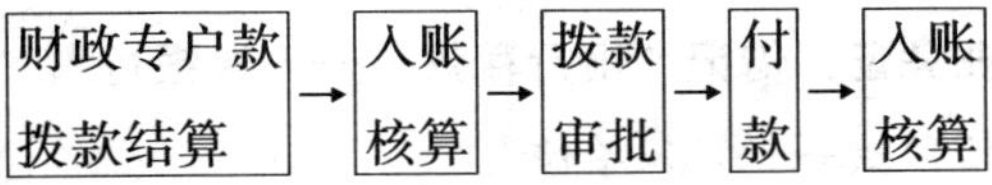

4.2 流程说明

4.2.1 根据预算外资金“收支两条线”管理要求，财政管理部门收到上级下拨或同级行政单位缴付的财政专户款后，按既定的管理规定办理拨款结算，确定应拨下级单位的财政专户款额，并入账核算。

4.2.2 在对下级单位拨款时，会计审核“付款审批单”和审批手续，无误后，办理拨付款项事宜，并入账核算。

（二）暂存款挂账管理

暂存款挂账主要包括：收到外单位交来委托办事资金、物资采购应付未付款、房屋出租收进的押金、应拨未付下级单位的财政专户款等债务性业务。

1. 审核单证，制作记账凭证

（1）收到外单位交来委托办事资金

审核单证：结合有关委托办事证明，审核开户行收款通知等单证，确认入账依据、金额和合法合规性等。

制作记账凭证：借记“银行存款——××银行”等相关科目，贷记“暂存款——××单位”。

（2）物资采购应付未付款

审核单证：结合物资采购合同，审核实物验收单和“入库单”等单证，确认入账依据、金额和合法合规性等。

制作记账凭证：借记“经费支出——基本支出（××支出）”等科目，贷记“暂存款——××单位”。

（3）房屋出租收进的押金

审核单证：结合房屋出租有关条款，审核收款单证等单证，确认入账依据、金额和合法合规性等。

制作记账凭证：借记“银行存款——××银行”、“现金”等科目，贷记“暂存款——××单位”。

（4）应拨未付下级单位的财政专户款

审核单证：结合有关规定，审核应拨财政专户款计算单等单证，确认入账依据、金额和合法合规性等。

制作记账凭证：借记“拨出经费——××项目支出”等科目，贷记“暂存款——××下级单位”。

2. 暂存款挂账实例

实例：2004 年 9 月 8 日 M 乡办公室从甲公司购入办公用品一批，货款为 1352 元，货款未付，办公用品已到并验收入库。

账务处理：会计审核物资采购审批单、“入库单”等单证，确认入账依据的真实性、完整性、合法合规性和“证证”一致性，无误后，进行下列账务处理：

制作记账凭证时，在“摘要”栏填写“购入甲公司办公用品”，在“科目”和“金额”栏分别按总账科目和明细科目、借方和贷方填写分录，即借记“经费支出——基本支出（办公用品）1352”，贷记“暂存款——甲公司 1352”，将物资采购审批单、“入库单”等单证作为原始凭证贴在记账凭证后面入账。

在登记账簿时，往来账会计在暂付款账簿的子科目“甲公司”下单设账页，并将上述业务及金额过入账簿。

（三）暂存款销账管理

1. 审核单证，制作记账凭证

（1）转付委托办事资金，余款退回委托单位

审核单证：结合委托办事有关事项规定，审核“付款审批单”等单证，确认入账依据、金额和合法合规性等。

制作记账凭证：借记“暂存款——××单位”，贷记“银行存款——××银行”等相关科目。

（2）支付前欠物资采购款

审核单证：结合购货发票，审核“付款审批单”等单证，确认入账依据、金额和合法合规性等。

制作记账凭证：借记“暂存款——××单位”，贷记“银行存款——××银行”等相关科目。

(3) 结算房屋出租费和押金

审核单证：结合房屋出租合同，审核房屋出租费和押金结算单等单证，确认入账依据、金额和合法合规性等。

制作记账凭证：如果押金抵房租，借记“暂存款——××单位”，贷记“其他收入——房租”；如果退回押金结算余款，借记“暂存款——××单位”，贷记“银行存款——××银行”。

(4) 支付应拨下级单位的财政专户款

审核单证：审核“付款审批单”等单证，确认入账依据、金额和合法合规性等。

制作记账凭证：借记“暂存款——××下级单位”，贷记“银行存款——××银行”等相关科目。

2. 暂存款销账实例

实例：2004年7月8日W乡从统筹款中拨出应付的50000元给甲村用于抗洪救灾，款项在当日支付。

账务处理：会计审核付款审批手续等单证，确认入账依据的真实性、完整性、合法合规性和“证证”一致性，无误后，进行下列账务处理：

制作记账凭证时，在“摘要”栏填写“支付甲村抗洪救灾款”，在“科目”和“金额”栏分别按总账科目和明细科目、借方和贷方填写分录，即借记“暂存款——甲村50000”，贷记“银行存款——农行50000”，将付款审批手续等单证作为原始凭证贴在记账凭证后面入账。

在登记账簿时，在暂存款账簿的子科目“甲村”下将上述业务及金额过入账簿。

(四) 暂存款账簿和财务分析管理

暂存款账簿管理详见第五章有关内容。

暂存款财务分析管理主要有暂存款期末余额构成分析、暂存款账龄分析等，详见第五章有关内容。

第二节　应缴款项会计管理实务

一、应缴预算款管理实务

（一）流程管理

1. 流程图

基金、收费、罚款、变价款等 → 入账核算 → 缴款审批 → 国库 → 入账核算

2. 流程说明

2.1 乡镇行政管理部门按国家有关法规和预算管理规定收取政府性基金、行政性收费、罚款、没收财物变价款、无主财物变价款、赃款和赃物变价款，其他应缴预算的资金，并将上述款项交乡镇财政所存入开户行后，入账核算。

2.2 每月月末前，乡镇财政所按国家预算管理规定，经乡镇主管领导审批后，将上述款项在月末前及时解缴国库，不得缓缴、截留、挪用或自行坐支，并入账核算。

（二）应缴预算款挂账管理

应缴预算款挂账主要包括：纳入预算管理的政府性基金、行政性收费、罚款、没收财物变价款、无主财物变价款、赃款和赃物变价款，其他应缴预算的资金。

1. 审核单证，制作记账凭证

（1）纳入预算管理的行政性收费

审核单证：结合有关行政性收费管理规定，审核行政性收费收据和收款单证等单证，确认入账依据、金额和合法合规性等。

制作记账凭证：借记“现金”、“银行存款——××银行”等科目，贷记“应缴预算款——××收费”。

（2）罚款

审核单证：结合有关罚款证明，审核收款单证等单证，确认入账依据、金额和合法合规性等。

制作记账凭证：借记“现金”、“银行存款——××银行”等相关科目，贷记“应缴预算款——罚款”。

（3）没收财物变价款

审核单证：结合有关没收财物清单和处置审批手续，审核收款单证等单证，确认入账依据、金额和合法合规性等。

制作记账凭证：借记“现金”等相关科目，贷记“应缴预算款——没收财物变价款”。

（4）无主财物变价款

审核单证：结合有关无主财物清单和处置审批手续，审核收款单证等单证，确认入账依据、金额和合法合规性等。

制作记账凭证：借记“现金”等相关科目，贷记“应缴预算款——无主财物变价款”。

（5）赃款

审核单证：结合有关赃款证明，审核收款单证等单证，确认入账依据、金额和合法合规性等。

制作记账凭证：借记“现金”等相关科目，贷记“应缴预算款——赃款”。

2. 应缴预算款挂账实例

实例：2004 年 4 月 8 日，C 镇工商所对个体户陈二违章经营处以罚款 680 元。

账务处理：会计审核违章处罚单和收款单证等，确认入账依据的真实性、完整性、合法合规性和"证证"一致性，无误后，进行下列账务处理：

制作记账凭证时，在"摘要"栏填写"陈二违章经营罚款"，在"科目"和"金额"栏分别按总账科目和明细科目、借方和贷方填写分录，即借记"现金 680"，贷记"应缴预算款——罚款 680"，将违章处罚单和收款单证等单证作为原始凭证贴在记账凭证后面入账。

在登记账簿时，在应缴预算款账簿的子科目"罚款"下单设账页，并将上述业务及金额过入账簿。

（三）应缴预算款销账管理

1. 审核单证，制作记账凭证

审核单证：审核当月应缴预算款缴款单和付款审批手续，确认入账依据、金额和合法合规性等。

制作记账凭证：借记"应缴预算款——××款项"，贷记"银行存款——××银行"，同时，借记"应缴预算款——已缴"，贷记"应缴预算款——应缴"。

2. 应缴预算款销账实例

实例：2004 年 6 月 30 日 A 乡将当月应缴预算款 230460 元缴入国库。

账务处理：会计审核当月应缴预算款缴款单和付款审批手续等，确认入账依据的真实性、完整性、合法合规性和"证证"一致性，无误后，进行下列账务处理：

制作记账凭证时，在"摘要"栏填写"应缴预算款缴入国库"，在"科目"和"金额"栏分别按总账科目和明细科目、借方和贷方填写分录，即"应缴预算款 230460"，贷记"银行存款——农行 230460"，同时，借记"应缴预算款——已缴 230460"，贷记"应缴预算款——应缴230460”，将应缴预算款缴款单和付款审批手续等单证作为原始凭证贴在记账凭证后面入账。

在登记账簿时，往来账会计在应缴预算款账簿将上述业务及金额过入账簿。

（四）应缴预算款账簿和财务分析管理

应缴预算款账簿管理详见第五章有关内容。

应缴预算款财务分析管理主要有应缴预算款构成分析等，详见第五章有关内容。

二、应缴财政专户款管理实务

（一）流程管理

1. 流程图

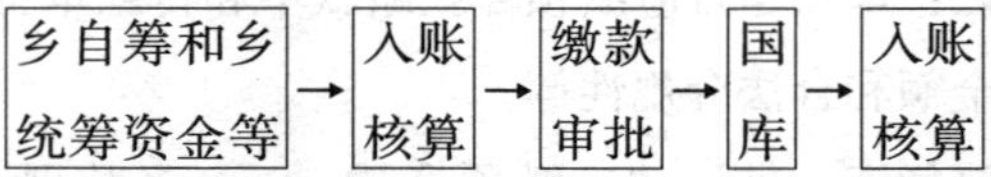

2. 流程说明

2.1 乡镇行政管理部门按规定收取用于乡政府开支的乡自筹和乡统筹资金等代收的应上缴财政专户的预算外资金，并将上述款项入账核算。

2.2 乡镇财政所按国家预算外资金管理规定解缴国库，经乡镇主管领导审批后，将上述款项及时解缴国库，并入账核算。

（二）应缴财政专户款挂账管理

应缴财政专户款挂账主要包括排灌油电费、用于乡政府开支的乡自筹和乡统筹资金等预算外资金。

1. 审核单证，制作记账凭证

审核单证：结合有关收费或乡自筹（统筹）资金等管理文件，审核收款单证等单证，确认入账依据、金额和合法合规性等。

制作记账凭证：对于全额上缴的款项，借记“现金”、“银行存款——××银行”等科目，贷记“应缴财政专户款——××款”；对于按比例上缴的款项，借记“银行存款——××银行”等科目，借记“预算外资金收入——××收入”，贷记“应缴财政专户款——××款”。

2. 应缴财政专户款挂账实例

实例：2004 年 6 月 5 日 A 乡收到甲村缴来的排灌油电费 85200 元。

账务处理：会计审核收款单证等单证，确认入账依据的真实性、完整性、合法合规性和“证证”一致性，无误后，进行下列账务处理：

制作记账凭证时，在“摘要”栏填写“甲村缴来水费”，在“科目”和“金额”栏分别按总账科目和明细科目、借方和贷方填写分录，即借记“银行存款——农行 85200”，贷记“应缴财政专户款——水费 85200”，将收款单证等单证作为原始凭证贴在记账凭证后面入账。

在登记账簿时，在应缴财政专户款账簿的子科目“水费”下单设账页，并将上述业务及金额过入账簿。

（三）应缴财政专户款销账管理

1. 审核单证，制作记账凭证

审核单证：审核有关应缴财政专户款项管理规定和付款审批手续，确认入账依据、金额和合法合规性等。

制作记账凭证：日常上缴款项时，借记“应缴财政专户款——××款项”，贷记“银行存款——××银行”，同时，借记“应缴预算款——已缴”，贷记“应缴预算款——应缴”；年终预算外资金结余上缴时，借记“预算外资金收入”，贷记“应缴财政专户款——××款项”，借记“应缴财政专户款——××款项”，贷记“银行存

“银行存款——××银行”，同时，借记“应缴预算款——已缴”，贷记“应缴预算款——应缴”。

2. 应缴财政专户款销账实例

实例：2004年10月31日，C镇财政所将当月应缴财政专户款85300元缴入国库。

账务处理：会计审核应缴财政专户款缴款单和付款审批手续等，确认入账依据的真实性、完整性、合法合规性和“证证”一致性，无误后，进行下列账务处理：

制作记账凭证时，在“摘要”栏填写“应缴财政专户款缴入国库”，在“科目”和“金额”栏分别按总账科目和明细科目、借方和贷方填写分录，即借记“应缴财政专户款85300”，贷记“银行存款——农行85300”，同时，借记“应缴预算款——已缴85300”，贷记“应缴预算款——应缴85300”，将应缴财政专户款缴款单和付款审批手续等单证作为原始凭证贴在记账凭证后面入账。

在登记账簿时，往来账会计在应缴财政专户款账簿将上述业务及金额过入账簿。

（四）应缴财政专户款账簿和财务分析管理

应缴财政专户款账簿管理详见第五章有关内容。

应缴财政专户款财务分析管理主要有应缴财政专户款构成分析等，详见第五章有关内容。

第三章　村集体经济组织往来账会计实务

第一节　应收款和应付款会计管理实务

一、应收款管理实务

（一）流程管理

从债权发生的性质来说，村集体经济组织应收款主要有两类，即应收未收销售款和预付性应收款，这两类应收款在流程管理上各有特点。

1. 应收未收销售款流程管理

1.1 流程图

签订销售合同 → 发货通知单 → 台账 → 出库单 → 会计审核制单 → 催收货款 → 对账

1.2 流程说明

1.2.1 适用于应收未收销售款管理（采购退货收款、委外加工退货收款参照执行）。

1.2.2 会计参与销售合同文本会签。

1.2.3 销售合同签订后，销售管理人员依据合同约定办理发货，制作“发货通知单”，会计在“发货通知单”上签字确认后，库存物资仓库办理出库。

1.2.4 会计在审核“发货通知单”时，登记销售管理台账备案。

1.2.5 审核无误后，仓库经办人开具“出库单”，仓库负责人审核确认，销售管理经办人在“出库单”上签收后，仓库经办人将“出库单”中的一联交给销售管理人员备查，一联交给会计审核入账。

1.2.6 会计审核出库单，经审核无误后，制作记账凭证入账核算，并在销售管理台账上做记录。

1.2.7 赊销期届满，会计提醒销售管理经办人及时收款；在货款过期未收回时，会计及时向财务负责人反映情况，并和销售管理经办人联合催账；在必要时，会计协助进行诉讼索债。在收回合同款时，会计依法审核并制作凭证入账。

1.2.8 会计和销售管理经办人定期对账，发现不一致时，及时查明情况，并作出处理。

2. 预付性应收款流程管理

2.1 流程图

签订合同 → 付款审批单 → 收货通知单 → 台账 → 入库单 → 会计审核制单 → 结算货款 → 对账

2.2 流程说明

2.2.1 会计参与合同文本会签。

2.2.2 付款时，会计结合合同，审核“付款审批单”和村主管领导审批意见，办理付款，并入账核算。

2.2.3 货物运达后，由采购经办人查验数量和损毁情况，质检人员依据合同规定的标准检验质量后，采购经办人制作“收货通知单”，经会计签字确认后，交材料仓库办理入库。

2.2.4 会计在审核“收货通知单”时，登记采购管理台账备案。

2.2.5 审核无误后，仓库经办人开具“入库单”，仓库负责人审核确认，采购经办人在“入库单”上签字后，仓库经办人将“入库单”中的一联交给采购管理人员备查，一联交给会计审核入账。

2.2.6 会计审核入库单，审核无误后，制作记账凭证入账核算，并在采购管理台账上做记录。

2.2.7 在制作记账凭证时，会计结算合同款，如果预付款多于货款，差额暂挂往来账面，并通知采购部经办人及时办理退款；如果预付款少于货款，待付款时，会计依据企业规定的管理程序办理付款，结算购货款。

2.2.8 会计和采购经办人定期对账，发现不一致时，及时查明情况，并作出处理。

（二）应收款挂账管理

应收款挂账主要包括：应收未收物资销售款、预付物资采购或劳务款等。

1. 审核单证，制作记账凭证

（1）应收未收物资销售款

审核单证：结合有关销售合同，审核物资销售审批手续、“出库单”等单证，确认入账依据、金额和合法合规性等。

制作记账凭证：借记“应收款——××单位（或个人）”，贷记“经营收入——销售”等相关科目。

（2）预付物资采购或劳务款

审核单证：会计结合有关采购合同，审核“付款审批单”等单证，确认入账依据、金额和合法合规性等。

制作记账凭证：借记“应收款——××单位（或个人）”，贷记“银行存款——××信用社”、“现金”等科目。

2. 应收款挂账实例

实例：2004 年 7 月 19 日，甲村向乡粮管所销售小麦一批，货款 180000 元，仓库管理员送来“出库单”。约定 7 个工作日内支付货款。

账务处理： 会计审核销售小麦审批手续和“出库单”等单证，无误后，进行下列账务处理：

制作记账凭证时，在“摘要”栏填写“向乡粮管所销售小麦一批”，在“科目”和“金额”栏分别按总账科目和明细科目、借方和贷方填写分录，即借记“应收款——乡粮管所 180000”，贷记“经营收入——销售 180000”，将“出库单”作为原始凭证贴在记账凭证后面入账。

在登记账簿时，在应收款账簿单设账页，建立“乡粮管所”账户，并将上述业务及金额过入账簿核算。

（三）应收款销账管理

1. 审核单证，制作记账凭证

（1）收回物资销售欠款

审核单证： 审核收款单证等单证，确认入账依据、金额和合法合规性等。

制作记账凭证： 借记“现金”、“银行存款——××银行”等科目，贷记“应收款——××单位”。

（2）预购的物资到货或劳务完工

审核单证： 会计结合采购合同、发票审核“入库单”，确认入账数量、单价、金额和真实性、合法合规性等。

制作记账凭证： 借记“库存物资——××物资”、“固定资产——××设备”等相关科目，贷记“应收款——××单位”等相关科目。

（3）应收款债权灭失

审核单证： 审核有关债权灭失证明（例如：债务单位破产公告、债务人死亡证明等）和村主管领导审批意见等，确认入账依据、金额和合法合规性等。

制作记账凭证： 借记“其他支出——应收款坏账”等科目，贷记“应收款——××单位”。

2. 应收款销账实例

实例： 丙村采购 20 吨尿素，2004 年 6 月 8 日按双方约定预付给河北 K 公司货款保证金 42000 元。2004 年 6 月 12 日收到预订的尿素，并验收入库。

账务处理： 6 月 12 日会计结合采购合同审核“入库单”等单证，审核无误后，进行下列账务处理：

制作记账凭证时，在“摘要”栏填写“预订的尿素验收入库”，在“科目”和“金额”栏分别按总账科目和明细科目、借方和贷方填写分录，即借记“库存物资——尿素 42000”，贷记“应收款——河北 K 公司 42000”，金额都以“蓝”字入账。将“入库单”等单证作为原始凭证贴在记账凭证后面入账。

在登记账簿时，将上述业务及金额过入应收款账簿核算，核销相应的往来款金额。

（四）应收款账簿和财务分析管理

应收款账簿管理详见第五章内容。

应收款财务分析管理主要有应收款构成分析、应收款余额账龄分析等，详见第五章有关内容。

二、应付款管理实务

（一）流程管理

从债务发生的性质来说，村集体经济组织应付款主要有两类，即应付未付采购款和预收性应付款，这两类应付款在流程管理上各有特点。

1. 应付未付采购款流程管理

1.1 流程图

签订采购合同 → 收货通知单 → 台账 → 入库单 → 会计审核制单 → 付款结算 → 对账

1.2 流程说明

1.2.1 会计参与采购合同文本会签。

1.2.2 货物运达后，由物资采购部门经办人查验数量和损毁情况，质检人员依据合同规定的标准检验质量后，物资采购部门经办人制作“收货通知单”，经会计签字确认后，交仓库办理入库。

1.2.3 会计在审核“收货通知单”时，登记采购管理台账备案。

1.2.4 审核无误后，仓库经办人开具“入库单”，仓库负责人审核确认，物资采购部门经办人在“入库单”上签字后，仓库经办人将“入库单”中的一联交给物资采购部门备查，一联交给会计审核入账。

1.2.5 会计审核入库单，审核无误后，制作记账凭证入账核算，并在采购管理台账上做记录。

1.2.6 会计依据规定的管理程序办理付款，结算购货款。

1.2.7 会计和物资采购部门经办人定期对账，发现不一致时，及时查明情况，并作出处理。

2. 预收性应付款流程管理

2.1 流程图

合同会签 → 收款 → 入账核算 → 款项结算 → 退款审批 → 入账核算

2.2 流程说明

2.2.1 会计参与购销合同文本会签。

2.2.2 收到购买方交来的预交款时，会计结合购销合同审核收款单证，办理入账核算。

2.2.3 合同约定的货物交付或劳务提供后，会计结合购销合同，办理销售款项结算，冲销预收款账务处理。

2.2.4 如果预收款还有余额并且退还余款时，会计审核“付款审批单”和审批手续，无误后，办理对外付款，并入账核算。

（二）应付款挂账管理

应付款挂账主要包括：应付未付购货款、代收代管款、应付水电费、预收农副产品订金、预收押金等。

1. 审核单证，制作记账凭证

（1）应付未付购货款

审核单证：结合物资采购合同，审核实物验收单和“入库单”等单证，确认入账依据、金额和合法合规性等。

制作记账凭证：借记“库存物资——××物资”、“固定资产——××设备”等相关科目，贷记“应付款——××单位（或个人)”。

（2）代收代管款

审核单证：结合有关代收代管款管理规定，审核应缴代收代管款计算单等单证，确认入账依据、金额和合法合规性等。

制作记账凭证：借记“现金”、“内部往来——××农户”等相关科目，贷记“应付款——乡（镇）××代收代管款”。

（3）应付水电费

审核单证：审核应缴当期水电费计算单等单证，确认入账依据、金额和合法合规性等。

制作记账凭证：借记“经营支出——水电费”等相关科目，贷记“应付款——××单位”。

（4）预收农副产品订金

审核单证：结合粮管所等单位通过集体订购农副产品等合同，审核收款单证等单证，确认入账依据、金额和合法合规性等。

制作记账凭证：借记“银行存款——××账户”等相关科目，

贷记“应付款——××单位”。

(5) 预收押金

审核单证：结合房屋等资产出租合同有关条款，审核收款单证等单证，确认入账依据、金额和合法合规性等。

制作记账凭证：借记“银行存款——××银行”、“现金”等科目，贷记“应付款——××单位”。

2. 应付款挂账实例

实例：2004年6月5日甲村代收农业税252000元。

账务处理：会计结合有关代收代管款管理规定，审核应缴代收代管款计算单等单证，确认入账依据的真实性、完整性、合法合规性和“证证”一致性，无误后，进行下列账务处理：

制作记账凭证时，在“摘要”栏填写“代收农业税”，在“科目”和“金额”栏分别按总账科目和明细科目、借方和贷方填写分录，即会计借记“现金252000”，贷记“应付款——农业税252000”，将应缴代收代管款计算单和收款单证等单证作为原始凭证贴在记账凭证后面入账。

在登记账簿时，往来账会计在应付款账簿将上述业务及金额过入账簿。

(三) 应付款销账管理

1. 审核单证，制作记账凭证

(1) 支付购货欠款

审核单证：结合购货发票，审核“付款审批单”等单证，确认入账依据、金额和合法合规性等。

制作记账凭证：借记“应付款——××单位”，贷记“银行存款——××银行”等相关科目。

(2) 上缴代收代管款

审核单证：审核代收代管款结算单、付款审批单等单证，确认入账依据、金额和合法合规性等。

制作记账凭证：借记“应付款——乡（镇）××代收代管款”，贷记“银行存款——××银行”等相关科目。

（3）支付水电费

审核单证：结合应缴当期水电费计算单，审核付款审批单等单证，确认入账依据、金额和合法合规性等。

制作记账凭证：借记“应付款——××单位”，贷记“银行存款——××银行”等相关科目。

（4）交付订购的农副产品

审核单证：结合粮管所等单位集体订购农副产品等合同，审核出库单等单证，确认入账依据、金额和合法合规性等。

制作记账凭证：借记“应付款——××单位（订金）”，借记“应收款——××单位（销售结算款）”等相关科目，贷记“内部往来——××承包单位或农户”等相关科目。

（5）退还结余的押金

审核单证：结合房屋等资产出租合同，审核出租费和押金结算单、付款审批单等单证，确认入账依据、金额和合法合规性等。

制作记账凭证：如果押金抵租金，借记“应付款——××单位（或个人）”，贷记“经营收入——房租”等相关科目；如果退回押金结算余款，借记“应付款——××单位（或个人）”，贷记“银行存款——××银行”等相关科目。

2. 应付款销账实例

实例：2004 年 6 月 30 日甲村将当月代收的农业税 252000 元缴入国库。

账务处理：会计结合有关代收代管款管理规定，审核农业税缴款书、付款审批手续等单证，确认入账依据的真实性、完整性、合法合规性和“证证”一致性，无误后，进行下列账务处理：

制作记账凭证时，在“摘要”栏填写“缴纳农业税”，在“科目”和“金额”栏分别按总账科目和明细科目、借方和贷方填写分录，即借记“应付款——农业税 252000”，贷记“银行存款——农行 252000”，将农业税缴款书、付款审批手续等单证作为原始凭证贴在记账凭证后面入账。

在登记账簿时，在应付款账簿将上述业务及金额过入账簿。

（四）应付款账簿和财务分析管理

应付款账簿管理详见第五章有关内容。

应付款财务分析管理主要有应付款构成分析、应付款余额账龄分析等，详见第五章有关内容。

第二节　内部往来会计管理实务

一、内部往来流程管理实务

从债权债务发生的性质来说，村集体经济组织内部往来常见的主要有五类，即承包单位和农户应上交而未上交的承包款、承包单位和农户从村所借的货币资金、村为承包单位和农户垫付的资金、村对承包单位和农户物资或劳务采购业务、村对承包单位和农户物资销售业务，这五类应付款在流程管理上各有特点。

（一）承包单位和农户应上交而未上交的承包款

1. 流程图

承包合同 → 内部往来账入账核算 → 缴款或对冲 → 对账

2. 流程说明

2.1 会计根据村里与承包单位和农户签订的承包合同，及时将应上交而未上交的承包款入账核算。

2.2 承包单位和农户以货币资金向村交纳承包款，或以自产的产品等物资折价冲抵承包款，会计及时入账核算，冲销相应的往来款金额。

2.3 对于往来款余额，会计应该定期与承包单位和农户对账。

（二）承包单位和农户从村里借款

1. 流程图

借据或借款合同 → 付款 → 还款或对冲 → 对账

2. 流程说明

2.1 承包单位和农户资金紧缺时，经村经济组织同意，会计结合借据或借款合同审核付款审批意见，无误后向借款人支付资金，并及时将借款入账核算。

2.2 承包单位和农户以货币资金向村里偿还借款，或以自产的产品等物资折价冲抵借款，会计及时入账核算，冲销相应的往来款金额。

2.3 对于往来款余额，会计应该定期与承包单位和农户对账。

（三）村里为承包单位和农户垫付资金

1. 流程图

垫款购买紧缺农资 → 发放 → 还款或对冲 → 对账

2. 流程说明

2.1 地方市场化肥、农药等农用物资紧缺时，村里组织力量垫款为农户购买农用物资，发给农户，会计结合村主管领导审批意见和农用物资购货发票等，审核农用物资发放签收单，无误后，及时将代垫款项入账核算。

2.2 农户以现金向村偿还代垫款项，或以自产的农产品等物资折价冲抵代垫款项，会计及时入账核算，冲销相应的往来款金额。

2.3 对于往来款余额，会计应该定期与农户对账。

（四）村里对承包单位和农户物资或劳务采购业务

1. 流程图

用工或购物审批单 → 出勤或实物验收单 → 付款或对冲 → 对账

2. 流程说明

2.1 村里因公需要临时向农户购买物资或需农户有偿提供劳务入账核算时，会计审核用工或购物审批单和出勤或实物验收单，重点审核审批手续的完整有效性和用工或购物的真实性，无误后，入账核算。

2.2 如果村里以现金向农户付款时，会计审核付款审批手续，会计及时入账核算，冲销相应的往来款金额。如果村里以承包款等往来款冲抵款项时，往来账户的债权或债务业务可以对冲，并根据账户余额确定与承包单位或农户债权债务的关系。

2.3 对于往来款余额，会计应该定期与农户对账。

（五）村里对承包单位和农户销售物资业务

1. 流程图

销售审批单 → 出库和签收单 → 还款或对冲 → 对账

2. 流程说明

2.1 村里向农户销售物资入账核算时，会计审核物资“销售审批单”和“物资出库及签收单”，重点审核审批手续的健全有效性和物资销售的真实性，无误后，入账核算。

2.2 农户以现金向村里偿还代垫款项，或以自产的农产品等物资折价冲抵代垫款项，会计及时入账核算，冲销相应的往来款金额。

2.3 对于往来款余额，会计应该定期与农户对账。

二、内部往来管理实务

（一）内部往来挂账管理

内部往来挂账主要包括：承包单位和农户应上交而未上交的承包款、承包单位和农户从村里借款、村里为承包单位和农户垫付的资金、村里向承包单位和农户采购物资或接受有偿提供劳务、村里对承包单位和农户销售物资业务等。村集体经济组织在进行内部往来核算时，可设置具有双重性质的“内部往来”账户，用以核算与承包单位或农户之间债权债务的增减变动情况，债权债务可在账户内对冲，冲账后余额为借方表示村集体经济组织的债权，余额在贷方表示为债务。“内部往来”账户按承包单位或农户设置明细账。

1. 审核单证，制作记账凭证

（1）承包单位和农户应上交而未上交的承包款

审核单证：结合有关承包合同，审核“承包款计算表”等单证，确认入账依据、金额和合法合规性等。

制作记账凭证：借记“内部往来——××单位（或个人）”，贷记“发包及上交收入——承包款”。

（2）承包单位和农户从村里借款

审核单证：结合村主管领导审批意见，审核“借据”等单证，确认入账依据、金额和合法合规性等。

制作记账凭证：借记“内部往来——××单位（或个人）”，贷记“银行存款——××信用社”、“现金”等科目。

（3）村里为承包单位和农户垫付的资金

审核单证：结合村主管领导审批意见，审核“物资发放签收单”或“欠条”等单证，确认入账依据、金额和合法合规性等。

制作记账凭证：借记“内部往来——××单位（或个人）”，贷记“库存物资——××物资”或“银行存款——××信用社”等科目。

（4）村里向承包单位和农户采购物资或接受有偿提供劳务

审核单证：审核物资或劳务“采购审批单”、“验收单”、“欠条”等单证，确认入账依据、金额和合法合规性等。

制作记账凭证：借记“库存物资——××物资”、“经营支出——××支出”等相关科目，贷记“内部往来——××单位（或个人）”。

（5）村里对承包单位和农户销售物资业务

审核单证：审核物资“销售审批单”、“出库单”、“欠条”等单证，确认入账依据、金额和合法合规性等。

制作记账凭证：借记“内部往来——××单位（或个人）”，贷记“经营收入——销售款”等相关科目。

2. 内部往来挂账实例

实例：2004年8月5日，C村将本村农户上半年应交的土地承包款88万元入账。农户应交土地承包款明细见计算表。计算标准200元/亩·年。

账务处理：会计审核应交土地承包款明细表等单证，确认入账依据的真实性、完整性、合法合规性和“证证”一致性，无误后，进行下列账务处理：

制作记账凭证时，在“摘要”栏填写“应收上半年土地承包款”，在“科目”和“金额”栏分别按总账科目和明细科目、借方和贷方填写分录，即借记“内部往来——农户880000”，贷记“发包及上交收入——承包款880000”，将应交土地承包款明细表等单证作为原始凭证贴在记账凭证后面入账。

在登记账簿时，在内部往来账簿按明细表分列的农户名将上述业务及金额过入账簿。

（二）内部往来销账管理

1. 单证审核，制作记账凭证

（1）承包单位和农户向村里支付货币资金

审核单证：审核收款单证等单证，确认入账依据、金额和合法合规性等。

制作记账凭证：借记“现金”、“银行存款——××银行”等科目，贷记“内部往来——××承包单位（或农户）”。

（2）承包单位和农户以产品向村里抵债

审核单证：审核以产品抵债审批手续、入库单等单证，确认入账依据、金额和合法合规性等。

制作记账凭证：借记“库存物资——××产品”等科目，贷记“内部往来——××承包单位（或农户）”。

（3）村里向承包单位和农户支付货币资金抵债

审核单证：审核相应的付款审批手续，确认入账依据、金额和合法合规性等。

制作记账凭证：借记“内部往来——××承包单位（或农户）”，贷记“现金”等相关科目。

（4）往来账面核算对冲债权债务

账面对冲往来账时，根据债权债务发生情况，通过账面核算抵销村里与承包单位（农户）之间相应的债权债务金额。

2. 内部往来销账实例

实例：2004 年 8 月 15 日，C 村 3 组农户陈二向村里交来上半年应交的土地承包款 420 元入账。计算标准 200 元/亩·年。

账务处理：会计结合应交土地承包款明细表，审核收款单证等，确认入账依据的真实性、完整性、合法合规性和“证证”一致性，无误后，进行下列账务处理：

制作记账凭证时，在“摘要”栏填写“收3组农户陈二上半年土地承包款”，在“科目”和“金额”栏分别按总账科目和明细科目、借方和贷方填写分录，即借记“现金420”，贷记“内部往来——3组农户陈二420”，将收款单证等单证作为原始凭证贴在记账凭证后面入账。

在登记账簿时，在内部往来账簿将上述业务及金额过入账簿。

（三）内部往来账簿和财务分析管理

内部往来账簿管理详见第五章有关内容。

内部往来财务分析管理主要有内部往来构成分析、内部往来余额账龄分析等，详见第五章有关内容。

第四章　乡镇企事业单位往来账会计实务

第一节　企事业单位销售往来账管理实务

一、应收账款管理实务

（一）流程管理

1. 流程图

签订销售合同 → 收货通知单 → 台账 → 出库单 → 会计审核制单 → 催收货款 → 对账

2. 流程说明

2.1 适用于企业应收账款管理（采购退货收款、委外加工退货收款参照执行）。

2.2 会计参与销售合同文本会签。

2.3 销售合同签订后，营销部依据合同约定办理发货，制作“发货通知单”，会计在“发货通知单”上签字确认后，交给产成品（或库存商品）仓库办理出库。

2.4 会计在审核“发货通知单”时，登记销售管理台账备案。

2.5 审核无误后，仓库经办人开具“出库单”，仓库负责人审核确认，营销部经办人在“出库单”上签收后，仓库经办人将“出库单”中的一联交给营销部备查，一联交给会计审核入账。

2.6 会计审核出库单，经审核无误后，制作记账凭证入账核算，并在销售管理台账上做记录。

2.7 赊销期届满，会计提醒营销部经办人及时收款；在货款过期未收回时，会计及时向财务负责人反映情况，并和营销部经办人联合催账；在必要时，会计协助企业法律事务人员诉讼索债。在收回合同款时，会计依法审核并制作凭证入账。

2.8 会计和营销部经办人定期对账，发现不一致时，及时查明情况，并作出处理。

3. 单证实例

例 1：发货通知单（格式）

发货通知单

2004 年 11 月 20 日

仓库：丰台 01 仓库	申请部门：手机销售部
合同号：BJ2001—XS078	购货单位：北京亚通电信服务部
合同商品描述：大三元 3518 型手机，数量 1000 部，单价 960 元/部，金额 960000 元。2001 年 11 月 21 日前提货。 本次发出商品数量：1000 部。	
货款结算方式和情况描述：发货后 30 日内付款。	
部门负责人审核：同意。陈力 2001.11.20　　销售经办人：王力国	
会计审核：审核无误，同意发货。　张朴　2001.11.20	

注：1. “合同商品描述”主要用于填写合同标的名称、规格、数量、单价和金额等。

2. 会计依据销售合同对合同商品、数量、金额和货款结算等情况进行重点审核。

例 2：出库单（格式）

出库单

2001年11月20日

合同号及购货单位：BJ2001—XS078　北京亚通电信服务部													
名称及规格	单位	数量	单价	金额									
				千	百	十	万	千	百	十	元	角	分
大三元3518手机	部	1000	960.00		¥	9	6	0	0	0	0	0	0
合　计					¥	9	6	0	0	0	0	0	0
审核：崔四	保管员：丁凯		营销部领用人：王力国										

例3：销售管理台账（格式）

销售管理台账

年度

序号	合同号	购货单位	商品名称、规格	发货数量	单价	金额	结算方式	货款结算情况	销售员及日期	会计审核及日期	备注

注："备注"栏常用于记录仓库出库日期和会计结清合同款时作标记等。

（二）应收账款挂账管理

应收账款挂账主要包括：销售商品或提供劳务未及时收款、采购或委外加工退货、票据未获承兑或未获付款、收回已核销的坏账等。

1. 审核单证，制作记账凭证

（1）销售商品或提供劳务未及时收款

审核单证：对于销售商品，会计通常结合销售合同审核"出库单"的出库数量、单价和金额，确认入账金额的正确性；审核"出库单"的签字，确认发货的合法合规和真实性；审核合同的结算方式和"销售收款联系单"，确认入账依据。

对于提供劳务，会计通常结合有关合同，审核企业内部“销售收款联系单”和有关结算单证，确认入账依据、金额和入账的合法合规性、真实性和时效性。

制作记账凭证：对于销售商品、提供加工或修理修配劳务，借记“应收账款——××单位（或个人）”，贷记“商品（或产品）销售收入”，贷记“应交税金——应交增值税（销项税）”。

对于提供其他劳务，“借记“应收账款——××单位（或个人）”，贷记“主营业务收入”。

单证实例：

例：记账凭证（格式）

记 账 凭 证

2001 年 10 月 20 日　　　　字第 076 号

摘　要	总账科目	明细科目	记	借方金额								记	贷方金额							
			账	十	万	千	百	十	元	角	分	账	十	万	千	百	十	元	角	分
北京大方公司欠货款	应收账款	北京大方公司			9	8	5	0	0	0	0									
BJ2001－XS058	商品销售收入													8	1	7	5	5	0	0
	应交税金	增值税（销项）												1	6	7	4	5	0	0
会计主管	记账	出纳	审核									制单								

（2）采购或委外加工退货

审核单证：会计通常结合采购合同，审核“退货通知单”，确认退货的真实性和金额正确性；结合“退货通知单”审核“出库单”，确认退货商品的数量、价格和金额；审核“退货通知单”和“出库单”上的签字，确认入账依据和合法合规性等。

制作记账凭证：借记“应收账款——××单位（或个人）”；贷记“原材料——××材料”同时，贷记“应交税金——应交增值税（进项税）”。

（3）票据未获承兑或未获付款

审核单证：企业收进的银行承兑汇票未获承兑，或者收进的商业承兑汇票未获承兑或到期未获付款，会计通常依法及时将汇票的面值和利息（如果是计息汇票）合计金额转入应收账款核算。会计核算时通常审核拒绝承兑理由书或拒绝付款证明单，确认入账依据、真实性和合法合规性等。

此外，在实务中，有些企业开支票时，出票日期退后，例如在2001年5月20日开出2001年6月20日的支票，以获得商业性融资，支票在付款期内持票企业未获付款时，会计也应及时转入应收账款核算。会计核算时通常审核开户行的退票通知，确认入账依据、真实性和合法合规性等。

制作记账凭证：借记“应收账款——××单位（或个人）”，贷记“应收票据——××票据”，贷记“财务费用——票据利息”。

（4）收回已核销的坏账

审核单证：会计结合有关合同，审核“销售收款联系单”和开户行收款通知、票据或现金，确认入账依据、金额和合法合规性等。

制作记账凭证：对于采用“直接转销法”核算的企业，会计冲回确认坏账时的凭证，即借记“管理费用”，贷记“坏账损失”，同时，借记“坏账损失”，贷记“应收账款——××单位（或个人）”，金额都以“红”字入账。

收回的款项入账时，借记“银行存款——××行账户”或“现金”，贷记“应收账款——××单位（或个人）”，金额都以“蓝”字入账。记账凭证交出纳办理收款。

2. 应收账款挂账实例

（1）赊销期内挂账

实例：2001年5月3日，北京红叶文化公司销售文学名著A

书2500册给河北PC书店，销售价格32元/册，货款金额80000元，增值税率为13%，BJ2001—XS026合同规定的现金折扣条件为3/10，n/30，采用总价法进行核算。A图书进价24元/册。仓库管理员送来"出库单"。

账务处理：会计结合销售合同审核"出库单"，无误后，进行下列账务处理：

制作记账凭证时，在"摘要"栏填写"BJ2001—XS026河北PC书店欠书款"，在"科目"和"金额"栏分别按总账科目和明细科目、借方和贷方填写分录，即借记"应收账款——河北PC书店90400"，贷记"商品销售收入80000"，贷记"应交税金——应交增值税（销项税）10400"；同时结转销售成本，借记"商品销售成本60000"，贷记"库存商品——A图书60000"，将"出库单"作为原始凭证贴在记账凭证后面入账，销售合同按公司管理规定存档备查。

在登记账簿时，如果河北PC书店是新户，在账面没有核算账户，往来账会计在应收账款账簿单设账页，建立"河北PC书店"账户，并将上述业务及金额过入账簿核算。

（2）采购退货应收款

实例：北京红叶文化公司2001年4月3日，从河北AB公司现款购入表演时装200套，BJ2001—CG002合同约定单价800元/套，金额160000元，时装到达后，经质检员检验，其中30套不合格，北京红叶文化公司和河北AB公司商定，不合格品作退货处理。采购员送来"退货通知单"，仓库管理员送来"出库单"。

账务处理：会计结合BJ2001—CG002合同审核"出库单"和"退货通知单"，审核无误后，进行下列账务处理：

制作记账凭证时，在"摘要"栏填写"BJ2001—CG002河北AB公司欠退时装款"，在"科目"和"金额"栏分别按总账科目明细科目、借方和贷方填写分录，即借记“应收账款——河北 AB 公司 28080”，贷记“库存商品——时装－24000”，贷记“应交税金——应交增值税（进项税）－4080”，将“出库单”和“退货通知单”作为原始凭证贴在记账凭证后面入账，采购合同按公司管理规定存档备查。

在登记账簿时，如果河北 AB 公司是老客户，以前在账面已有核算账户，往来账会计将上述业务及金额过入应收账款账簿“河北 AB 公司”账户核算。

(3) 商业承兑汇票到期未获付款

实例：2001 年 2 月 8 日，北京红叶文化公司销售史学著作 B 图书 2500 册给河南 DS 书店，销售合同号 BJ2001—XS015，销售价格 32 元/册，货款金额 80000 元，增值税率为 13%，收到期限为 3 个月，利率为 8%的商业承兑汇票 1 张，2001 年 5 月 10 日河南 DS 书店开户行账户存款不足 1 万元，商业承兑汇票未获付款。北京红叶文化公司开户行送来退票通知。

账务处理：会计结合 BJ2001—XS015 合同审核退票通知，审核无误后，进行下列账务处理：

制作记账凭证时，在“摘要”栏填写“BJ2001—XS015 河南 DS 书店欠书款”，在“科目”和“金额”栏分别按总账科目和明细科目、借方和贷方填写分录，即借记“应收账款——河南 DS 书店 92298.01”，贷记“应收票据——河南 DS 书店 90400”，贷记“财务费用 1808.01”，将开户行退票通知作为原始凭证贴在记账凭证后面入账，销售合同按公司管理规定存档备查。会计通知经办销售员催款。

在登记账簿时，如果河南 DS 书店在账面没有核算账户，往来账会计在应收账款账簿单设账页，建立新户“河南 DS 书店”，并将上述业务及金额过入账簿核算。

（三）应收账款销账管理

应收账款销账主要包括：收回合同款、坏账损失、债务重组等。

1. 单证审核，制作记账凭证

（1）收回合同款

审核单证：企业收回往来款时，会计根据收款方式审核入账。当企业以现金收款时，会计审核“销售收款联系单”和现金实物入账，由出纳具体清点金额。

收进汇票（或本票）时，会计结合“销售收款联系单”审核汇票的收款人或被背书人是否是本单位，背书的连续性，确认票据出票和背书的合法合规性；审核出票日期，确认汇票（或本票）的时效性；审核汇票的大小写金额是否一致，确认正确性；对于区域性银行的票据，审核出票行系统的业务区域，确认票据结算的有效性和合法合规性；审核出纳填写的背书文字、实际结算金额和“进账单”，确认正确性。

收进信汇收款通知单或电汇收款通知单时，会计结合“销售收款联系单”审核开户行提交的信汇或电汇收款通知单，确认入账依据和金额。

制作记账凭证：当企业以现金收款时，借记“现金”，贷记“应收账款——××单位（或个人）”。记账凭证交出纳办理收款。

收进银行汇票（或本票）送存银行时，借记“银行存款——××行账户”，贷记“应收账款——××单位”。记账凭证交出纳办理收款。

收进银行汇票（或本票）不送存银行，而是直接背书转让其他单位用于结算款项时，借记“应付账款——××单位”或相关科目，贷记“应收账款——××单位”。记账凭证交出纳办理付款。

收进银行承兑汇票、商业承兑汇票或远期支票时，借记“应收票据——××票据”，贷记“应收账款——××单位”。记账凭证交出纳办理收款。

收进信汇收款通知单或电汇收款通知单时，借记“银行存款——××行账户”，贷记“应收账款——××单位”。记账凭证交出纳办理收款。

（2）坏账损失

审核单证：会计审核债权灭失凭证和企业领导的审批情况，确认入账依据。对于国有企业破产，审核法院出具的破产文件；对于私营企业的股东死亡或失踪，审核公安机关出具的证明；对于自然人人死亡或失踪，审核公安机关出具的证明。

制作记账凭证：审核无误后，对于采用“直接转销法”核算的企业，借记“坏账损失”，贷记“应收账款——××单位（或个人）”，同时借记“管理费用”，贷记“坏账损失”。

对于采用“备抵法”核算的企业，借记“坏账准备”，贷记“应收账款——××单位（或个人）”。

（3）债务重组

审核单证：会计审核债务重组协议和企业收进的抵债物资接收单证。如果是实物资产抵债，会计审核“入库单”；如果债务人用银行存款偿债，会计审核开户行到账通知单或有关票据；如果债务人以其他方式抵债，会计审核其他相关单证。

制作记账凭证：当债务人以存货抵债时，会计按照公允价格，借记“原材料——××材料”或“库存商品——××商品”等相关科目，借记“应交税金——应交增值税（进项）”，贷记“应收账款——××单位（或个人）”，同时，对于债务重组损失，会计借记“营业外支出——债务重组损失”，贷记“应收账款——××单位（或个人）”。

当债务人以固定资产抵债时，会计按照公允价格，借记“固定资产——××”，借记（或贷记）“累计折旧”，贷记“应收账款——××单位（或个人）”，同时，对于债务重组损失，借记“营业外支出——债务重组损失”，贷记“应收账款——××单位（或个人）”。

当债务人用银行存款偿债时，借记“银行存款——××行账户”，贷记“应收账款——××单位”，同时，对于债务重组损失，借记“营业外支出——债务重组损失”，贷记“应收账款——××单位”。

2. 应收账款销账实例

（1）收回合同款

实例：2001 年 5 月 11 日北京红叶文化公司接到开户行工商行柳叶分理处电汇收款通知单 1 张，收到河北 PC 书店书款金额 90 792 元，BJ2001—XS026 合同规定的现金折扣条件为 3/10，n/30，采用总价法进行核算。营销部销售员送来“销售收款联系单”。

账务处理：会计结合 BJ2001—XS026 合同审核“销售收款联系单”，无误后，进行下列账务处理：

制作记账凭证时，在“摘要”栏填写“收 BJ2001—XS026 河北 PC 书店书款”，在“科目”和“金额”栏分别按总账科目和明细科目、借方和贷方填写分录，即借记“银行存款——工商行柳叶分理处 90792”，借记“财务费用 2808”，贷记“应收账款——河北 PC 书店 93600”，将“销售收款联系单”和开户行电汇收款通知单作为原始凭证贴在记账凭证后面入账，销售合同按公司管理规定存档备查。

在登记账簿时，将上述业务及金额过入应收账款账簿“河北 PC 书店”账户下，核销应收的往来款。

（2）债务重组

实例：北京都华公司和北京红叶公司均为一般纳税人，华都公司欠北京红叶公司购货款 400000 元和增值税 68000 元，短期内无力支付，经协商进行债务重组。都华公司用公允价值为 80000 元的自产时装和公允价值为 200000 元、账面原价 250000 元、累计折旧为 40000 元的皇冠轿车，及公司三年前购买的尚有 8 个月到期的公允价值为 85000、账面价值为 82000 元的国库券偿还全部债务。红叶公司按应收账款余额的 5‰计提坏账准备。增值税率为 17%。红叶公司销售合同号为 BJ2001—XS065。

账务处理：会计结合 BJ2001—XS065 合同和债务重组协议，审核"销售收款联系单"、存货和固定资产"入库单"、国库券，审核无误后，进行下列账务处理：

制作记账凭证时，在"摘要"栏填写"收 BJ2001—XS065 北京都华公司货款"，在"科目"和"金额"栏分别按总账科目和明细科目、借方和贷方填写分录，即借记"库存商品——时装 80000"，借记"应交税金——应交增值税（进项税）13600"，借记"固定资产——皇冠轿车 200000"，借记"短期投资——国库券 85000"，借记"坏账准备 2340"，借记"营业外支出——债务重组损失87060"，贷记"应收账款——北京都华公司 468000"，将"销售收款联系单"和"入库单"作为原始凭证贴在记账凭证后面入账，国库券交出纳存现金库，销售合同和债务重组协议按公司管理规定存档备查。

在登记账簿时，将上述业务及金额过入应收账款账簿的"北京都华公司"账户下，核销应收的往来款。

（四）应收账款账簿和财务分析管理

应收账款账簿管理详见第五章有关内容。

应收账款财务分析管理主要有应收账款构成分析、应收账款账龄分析等，详见第五章有关内容。

（五）应收账款坏账管理

企业单设"坏账准备"账，用于核算坏账准备计提和冲销。通常，坏账准备计提有三种方法，当企业采用应收账款余额百分比法核算时，会计在每个月末按应收账款余额的总金额和既定的百分比计算当期坏账准备余额；当企业采用销货百分比法核算时，会计在每个月末按赊销总金额和既定的百分比计算当期坏账准备余额；当企业采用应收账款余额账龄分析法核算时，会计在每个月末按各个账龄段应收账款余额的合计金额和既定的相应百分比计算汇总当期坏账准备余额，当上期坏账准备账面余额高于会计本期计算的当期坏账准备余额时，会计制作记账凭证冲回高出的金额，即借记“坏账准备”，贷记“管理费用”；当上期坏账准备账面余额低于会计本期计算的当期坏账准备余额时，会计按差额制作记账凭证计提坏账准备，即借记“管理费用”，贷记“坏账准备”。

实例：北京红叶文化公司 2000 年末应收账款余额为 800000 元，坏账准备计提比率为 4‰。2001 年 1 月份华通公司 4000 元确认为坏账，该月末应收账款余额为 980000 元。2 月份海天公司3000 元确认为坏账，2000 年已冲销的应收账款中有林泉商贸公司2000元本月又收回，月末应收账款余额为 600000 元。坏账准备按应收账款余额百分比法计算。

账务处理：

2000 年末已计提坏账准备：800000×4‰=3200（元）

2001 年 1 月份：发生坏账时，借记“坏账准备 4000”，贷记“应收账款——华通公司 4000”。月末应计提坏账准备：980000×4‰－（3200－4000）=4720（元）。

制作记账凭证时，借记“管理费用——坏账准备 4720”，贷记“坏账准备 4720”。2001 年 2 月份：发生坏账时，借记“坏账准备 3000”，贷记“应收账款——海天公司 3000”。收回前期已冲销的坏账时，借记“应收账款——林泉公司 2000”，贷记“坏账准备 2000”，同时，借记“银行存款——工商行柳叶分理处 2000”，贷记

"应收账款——林泉公司2000"。会计月末应计提坏账准备：600000×4‰－（3920－3000＋2000）＝－520（元），制作凭证时，借记"坏账准备520"，贷记"管理费用——坏账准备520"。

二、预收账款管理实务

（一）流程管理

1. 流程图

签订销售合同 → 预收货款 → 发货通知单 → 台账 → 出库单 → 会计审核制单 → 结算货款 → 对账

2. 流程说明

2.1 适用于企业预收账款管理。

2.2 会计参与销售合同文本会签。

2.3 销售合同签订后，营销部经办人及时联系收取预收款，并及时通知财务入账。

2.4 营销部依据合同约定办理发货，制作"发货通知单"，经会计在"发货通知单"上签字确认后，交给产成品仓库办理出库。

2.5 会计在审核"发货通知单"时，登记销售管理台账备案。

2.6 审核无误后，仓库经办人开具"出库单"，仓库负责人审核确认，营销部经办人在"出库单"上签收后，仓库经办人将"出库单"中的一联交给营销部备查，一联交给会计审核入账。

2.7 会计审核出库单，审核无误后，制作记账凭证入账核算，并在销售管理台账上做记录。

2.8 在制作记账凭证时，会计结算合同款，如果预收款少于货款，差额暂挂预收账款，并及时通知营销部经办人依据合同规定办理催收余款；如果预收款多于货款，余款暂挂预收账款账，待客户要求退余款时，依据企业规定的管理程序办理退款。

2.9 会计和营销部经办人定期对账，发现不一致时，及时查明情况，并作出处理。

3. 单证实例

例 1：发货通知单（格式）

发货通知单

2001 年 11 月 25 日

仓库：丰台 02 仓库	申请部门：电话卡销售部
合同号：BJ2001—XS089	购货单位：北京源泉电信服务中心
合同商品描述：面值 50 元的 2015 电话卡，数量 10000 张，单价 38 元/张，金额 380000 元。2001 年 11 月 26 日前提货。 本次发出商品数量：10000 张。	
货款结算方式和情况描述：款到后发货。2001 年 11 月 23 日已收货款保证金 390000 元。	
部门负责人审核：同意。郑海　2001.11.20	销售经办人：李飞
会计审核：审核无误，同意发货。　张朴　2001.11.25	

注：1. “合同商品描述”主要用于填写合同标的名称、规格、数量、单价和金额等；

2. 会计依据销售合同对合同商品、数量、金额和货款结算等情况进行重点审核。

（二）预收账款挂账管理

预收账款挂账主要包括：预收货款保证金、预收服务费、预收工程款、预收大型设备款等。

1. 审核单证，制作记账凭证

审核单证：企业收到预收款时，会计根据收款方式审核入账。当企业以现金收款时，会计审核“销售收款联系单”和现金实物入账，由出纳具体清点金额。

收进汇票（或本票）时，会计结合“销售收款联系单”审核汇票的收款人或被背书人是否是本单位，背书的连续性，确认票据出票和背书的合法合规性；审核出票日期，确认汇票（或本票）的时效性；审核汇票的大小写金额是否一致，确认正确性；对于区域性银行的票据，审核出票行系统的业务区域，确认票据结算的有效性和合法合规性；审核出纳填写的背书文字、实际结算金额和“进账单”，确认正确性。

收进信汇收款通知单或电汇收款通知单时，会计结合“销售收款联系单”审核开户行提交的信汇或电汇收款通知单，确认入账依据和金额。

制作记账凭证：当企业收进货款保证金时，借记“现金”或“银行存款——××行账户”等相关科目，贷记“预收账款——货款保证金——××单位（或个人）”。记账凭证交出纳办理收款。

当企业收进服务费时，借记“现金”或“银行存款——××行账户”等相关科目，贷记“预收账款——服务费——××单位（或个人）”。记账凭证交出纳办理收款。

当企业收进工程款时，借记“现金”或“银行存款——××行账户”等相关科目，贷记“预收账款——××工程款——××单位（或个人）”。记账凭证交出纳办理收款。

当企业收进设备款时，借记“现金”或“银行存款——××行账户”等相关科目，贷记“预收账款——××设备——××单位（或个人）”。记账凭证交出纳办理收款。

2. 预收账款挂账实例

(1) 预收货款保证金

实例：河北华人实业公司与北京红叶公司洽谈购买 H 图书 2000册，单价 25 元/册，金额 50000 元，红叶公司坚持要求预收货款保证金后发货，经双方商定后，2001 年 10 月 8 日收到预付保证金 56500 元。营销部销售员填写“销售收款联系单”来财务入账。

红叶公司销售合同号为BJ2001—XS089。

账务处理：会计结合BJ2001—XS089合同审核“销售收款联系单”和开户行收款通知无误后，进行下列账务处理：

制作记账凭证时，在“摘要”栏填写“预收BJ2001—XS089河北华人公司书款”，在“科目”和“金额”栏分别按总账科目和明细科目、借方和贷方填写分录，即借记“银行存款——工商行柳叶分理处56500”，贷记“预收账款——河北华人公司56500”，将“销售收款联系单”和开户行电汇收款通知单作为原始凭证贴在记账凭证后面入账，销售合同按公司管理规定存档备查。

在登记账簿时，如果河北华人公司在账面没有核算账户，会计在预收账款账簿单设账页，建立新户“河北华人公司”，并将上述业务及金额过入账簿核算。

（2）预收服务费

实例：北京红叶公司与北京智奇管理咨询所洽谈财务咨询业务，经双方商定，红叶公司预付合同金额的50%服务费后，北京智奇所为红叶公司提供约定的财务咨询服务，2001年11月6日，智奇所收到红叶公司预付款10000元。

账务处理：会计结合BJ2001—GZ028合同审核收款支票无误后，进行下列账务处理：

制作记账凭证时，在“摘要”栏填写“预收BJ2001—GZ028北京红叶公司咨询费”，在“科目”和“金额”栏分别按总账科目和明细科目、借方和贷方填写分录，即借记“银行存款——工商行学院路支行10000”，贷记“预收账款——北京红叶公司10000”，将记账凭证和收款支票交出纳办理收款。进账单回单作为原始凭证贴在记账凭证后面入账，财务咨询合同按单位管理规定存档备查。

在登记账簿时，如果北京红叶公司在账面没有核算账户，在预收账款账簿单设账页，建立新户“北京红叶公司”，并将上述业务及金额过入账簿核算。

(3) 预收工程款

实例：2001 年 8 月 6 日河北安家建筑工程公司承包北京红叶公司办公楼建造工程，合同金额 5000000 元，按照 HB2001—JZ05 合同约定，北京红叶公司在合同签字生效后 5 日内，预付工程款 30%，即 1500000 元。8 月 11 日河北安家建筑工程公司收到预付款，开户行电汇收款通知单 1 张。

账务处理：会计结合 BJ2001—GZ028 合同，审核开户行电汇收款通知，无误后，进行下列账务处理：

制作记账凭证时，在"摘要"栏填写"预收 HB2001—JZ05 北京红叶公司工程款"，在"科目"和"金额"栏分别按总账科目和明细科目、借方和贷方填写分录，即借记"银行存款——建行石家庄分行营业部 1500000"，贷记"预收账款——北京红叶公司 1500000"，将开户行电汇收款通知作为原始凭证贴在记账凭证后面入账，建筑工程合同按公司管理规定存档备查。

在登记账簿时，如果北京红叶公司在账面没有核算账户，在预收账款账簿单设账页，建立新户"北京红叶公司"，并将上述业务及金额过入账簿。

(三) 预收账款销账管理

预收账款销账主要包括：发货、提交服务成果、退回合同款、退余款等。

1. 审核单证，制作记账凭证

(1) 发货

审核单证：会计结合销售合同审核"出库单"的出库数量、单价和金额，确认入账金额的正确性；审核"出库单"的签字，确认入账依据、合法合规和真实性；审核合同的结算方式确认入账依据和正确性。

制作记账凭证：对于销售商品、提供加工或修理修配劳务，借记“预收账款——××单位（或个人）”，贷记“商品（或产品）销售收入”，同时贷记“应交税金——应交增值税（销项税）”；结转成本时，借记“产品（或商品）销售成本”，贷记“库存商品——××商品”。

（2）提交服务成果

审核单证：会计结合有关合同审核企业内部有关结算单证，确认入账依据、金额、合法合规性、真实性和时效性。

制作记账凭证：对于提供非加工或修理修配劳务，借记“预收账款——××单位（或个人）”，贷记“主营业务收入”。

（3）退回合同款或余款

审核单证：会计结合有关合同审核客户退款通知函件和企业“付款审批单”，确认入账依据、金额、合法合规性、真实性和时效性。

制作记账凭证：借记“预收账款——××单位（或个人）”，贷记“现金”或“银行存款——××行账户”等相关科目。记账凭证交出纳办理付款，会计审核出纳填写的银行付款单证或票据，并签“财务章”。

2. 预收账款销账实例

（1）发货

实例：北京红叶公司 BJ2001—XS089 合同预收河北华人实业公司 H 图书款 56500 元入账后，2001 年 10 月 20 日华人公司从红叶公司提走 H 图书 2000 册。红叶公司进价 20 元/册。

账务处理：会计结合 BJ2001—XS089 合同审核“出库单”无误后，进行下列账务处理：

制作记账凭证时，在“摘要”栏填写“结算 BJ2001—XS089 河北华人公司预付书款”，在“科目”和“金额”栏分别按总账科目和明细科目、借方和贷方填写分录，即借记“预收账款——河北华人公司 56500”，贷记“商品销售收入 50000”，贷记“应交税金——应交增值税（销项税）6500”；同时结转成本，借记“商品销售成本 40000”，贷记“库存商品——H 图书 40000”，将“出库单”作为原始凭证贴在记账凭证后面入账，销售合同按公司管理规定存档备查。

在登记账簿时，往来账会计将上述业务及金额过入应收账款账簿的“河北华人公司”账户下，核销预收的往来款。

(2) 提交服务成果

实例：北京智奇管理咨询所履行 BJ2001—GZ028 合同约定的义务，11 月 26 日向北京红叶公司提交财务咨询报告书。

账务处理：会计结合 BJ2001—GZ028 合同审核“报告提交审批单”，无误后，进行下列账务处理：

制作记账凭证时，在“摘要”栏填写“结算 BJ2001—GZ028 北京红叶公司预付咨询费”，在“科目”和“金额”栏分别按总账科目和明细科目、借方和贷方填写分录，即借记“预收账款——北京红叶公司 20000”，贷记“主营业务收入 20000”，将“报告提交审批单”作为原始凭证贴在记账凭证后面入账，财务咨询服务合同按公司管理规定存档备查。

在登记账簿时，将上述业务及金额过入应收账款账簿的“北京红叶公司”账户下，核销预收的往来款。

（四）预收账款账簿和财务分析管理

预收账款账簿管理详见第五章有关内容。

预收账款财务分析管理主要有预收账款构成分析、预收账款账龄分析等，详见第五章内容。

（五）商业信用融资管理

当企业生产资金不足，或客户订制订做产品，或为客户生产大型设备，或为客户提供工程等项目服务时，企业往往通过预收款方式进行商业融资，一方面可以筹集部分资金，另一方面可以降低风险。会计在做财务预算时，应该正确合理地计算合同标的的成本，以便于企业合同洽谈人员合理掌握不垫款的原则，向客户争取预收款。

三、销售外汇往来账管理实务

企业出口贸易主要有自营出口、代理出口、援外出口等。下面以自营出口贸易为例来介绍销售外汇往来账管理实务。

（一）流程管理

1. 流程图

出口合同会签 → 催证 → 出库单 → 商业发票、付款通知单 → 出口结算 → 收汇备案 → 纳税申报 → 出口退税

2. 流程说明

2.1 会计参与出口合同文本会签。

2.2 会计参与信用证催证，按出口合同约定要求进口方开出信用证。

2.3 收到进口方开出的信用证后，企业发运货物，会计审核出库单，办理出库核算。

2.4 货物发运出口后，会计通过银行提交“商业发票”和“付款通知单”等单据。

2.5 会计审核收款单证，办理出口结算。

2.6 会计依据出口合同、报关单等，通过开户行办理出口收汇备案。

2.7 会计每月在法定期限内去主管税务机关办理纳税申报。

2.8 如果可以退税，会计每季度依法去主管出口退税的税务机

关办理抵税或退税手续，并入账核算。收到退税款时，会计审核收款单证，办理入账核算。

（二）自营出口贸易管理

1. 审核单证，制作记账凭证

（1）商品出库

审核单证：商品出库运往海关报关时，会计结合出口合同，审核“出库单”，确认入账依据、金额、真实性、一致性和合法合规性。

制作记账凭证：借记“发出商品——出口——××商品”，贷记“库存商品——出口——××商品”。

（2）报关后出口

审核单证：商品报关后出口时，会计结合出口合同，审核“出口报关单”、提单、商业发票、出口许可证、原产地证明等，确认入账依据、金额、真实性、一致性和合法合规性。

制作记账凭证：借记“应收外汇账款——××单位”，贷记“主营业务收入——自营出口”，结转销售成本时，借记“主营业务成本”，贷记“发出商品——出口——××商品”。

（3）出口结算

审核单证：收到出口货款时，会计结合出口合同和商业发票，审核收款单证，确认入账依据、金额、真实性、一致性和合法合规性。

制作记账凭证：借记“银行存款——××银行（××外币）”，贷记“应收外汇账款——××单位”，汇兑损益贷（借）记“财务费用——汇兑损益”。

（4）预收款销售

审核单证：收到预收款时，会计结合出口合同和商业发票，审核收款单证（贷记通知）；商品报关后出口时，审核“出口报关单”，确认入账依据、金额、真实性、一致性和合法合规性。

制作记账凭证：收到预收款时，借记“银行存款——××银行（××外币）”，贷记“预收外汇账款——××单位”；商品报关后出口时，借记“预收外汇账款——××单位”，贷记“主营业务收入——自营出口”，汇兑损益贷（借）记“财务费用——汇兑损益”，结转销售成本时，借记“主营业务成本”，贷记“发出商品——出口——××商品”。

（5）境外运费、保险费

审核单证：出口合同以 CIF 以外价格条件成交时，应由我国外贸企业负担的境外运费、保险费，会计结合出口合同，审核运输发票、保险单、付款审批单等，确认入账依据、金额、真实性、一致性和合法合规性。

制作记账凭证：借记“营业费用——××费用”，贷记“银行存款——××银行（××外币或人民币）”（注：以人民币购汇支付时，须填写“购汇申请书”）；银行费用入账时，借记“财务费用——××费用”，贷记“银行存款——××银行（××外币）”。

（6）境内运费

审核单证：会计结合出口合同，审核运输发票和付款审批单，确认入账依据、金额、真实性、一致性和合法合规性。

制作记账凭证：借记“营业费用——××费用”，贷记“银行存款——××银行（人民币）”。

（7）索赔款

审核单证：确认赔偿责任后，会计结合出口合同，审核索赔通知和付款审批单，确认入账依据、金额、真实性、一致性和合法合规性。

制作记账凭证：会计在记账凭证上借记“主营业务收入——自营出口”，贷记“银行存款——××银行（××外币）”。

(8) 出口退税

审核单证：收到增值税和消费税退税时，会计审核收款单证，确认入账依据、金额、真实性、一致性和合法合规性。

制作记账凭证：收到退税时，借记“银行存款——××银行（人民币）”，贷记“补贴收入——出口退税”。

2. 自营出口贸易管理实例

实例：2002年9月山东KM土畜产品进出口公司与日本DS商社达成出口合同，出口紫皮蒜头50吨，出口价每吨FOB250美元，进价每吨1200元。9月16日出库，18日在青岛海关报关出口，该紫皮蒜头出口免税。9月20日收到出口货款。山东KM土畜产品进出口公司出口合同号为SD—CKX023。

账务处理：会计结合出口合同，9月16日商品出库运往海关时，审核出库单；9月18日报关出口时，审核出口报关单、提单、商业发票等单证；9月20日收到出口货款时，审核收款单证，无误后，进行下列账务处理：

9月16日，会计在记账凭证的“摘要”栏填写“SD—CKX023出口发出紫皮蒜头”，在“科目”和“金额”栏分别按总账科目和明细科目、借方和贷方填写分录，即借记“发出商品——出口——紫皮蒜头60000”，贷记“库存商品——出口——紫皮蒜头60000”，金额都以“蓝”字入账，将出库单贴在记账凭证后面入账。

9月18日，会计在记账凭证的“摘要”栏填写“SD—CKX023报关出口紫皮蒜头”，在“科目”和“金额”栏分别按总账科目和明细科目、借方和贷方填写分录，即借记“应收外汇账款——日本DS商社104000”，贷记“主营业务收入——自营出口104000”，借记“主营业务成本60000”，贷记“发出商品——出口——紫皮蒜头60000”，金额都以“蓝”字入账，将出口报关单复印件贴在记账凭证后面入账。（注：250×50×8.32＝104000元）

9月20日，会计在记账凭证的“摘要”栏填写“结算SD—CKX023出口紫皮蒜头货款”，在“科目”和“金额”栏分别按总账科目和明细科目、借方和贷方填写分录，即借记“银行存款——青岛工行（美元户）104125”，贷记“应收外汇账款——日本DS商社104000”，汇兑损益贷记“财务费用——汇兑损益125”，金额都以“蓝”字入账，将收款单证贴在记账凭证后面入账。（注：250×50×8.33=104125元）

（三）自营出口贸易往来账账簿和财务分析管理

自营出口贸易往来账账簿管理包括应收外汇账款、预收外汇账款等，详见第五章有关内容。

自营出口贸易往来账财务分析管理包括应收外汇账款期末余额构成分析、预收外汇账款期末余额构成分析等，详见第五章有关内容。

四、客户信用管理实务

（一）客户信用评估

客户信用管理一般是从定性和定量方面对客户的偿债能力和偿债意愿进行综合评估。在定量评估方面，主要是通过会计对客户的财务报表进行分析，常用的定量分析指标有经济效益指标、资产营运指标、偿债能力指标和发展能力指标等，通过这些指标的计算和分析，会计对客户的预期偿债能力作出定量的评价。在定性评估方面，会计通过账面反映的以往与客户合作的记录，分析评价该客户在本单位的信用度；同时，通过客户会计报表项目内在的勾稽关系和其他有关补充资料，会计还可以分析评价该客户与其他单位合作的信用情况，从而会计可以较全面地对客户的偿债意愿进行综合评价。

从定性和定量评估的结果，会计可以大致合理地确认在特定时间段内，企业最多可以给予客户的赊账额度，经企业决策层领导审批后执行。

在实务中，有些企业聘请专业的评估机构，对客户的资信进行评价，企业财务部门合理分析评估机构的评估资料和授信建议，拟订授信额度，向企业决策层领导提出授信建议，经审批后执行。

例：客户定量分析指标

客户定量分析指标

评价内容	财务指标	计算公式
经济效益	净资产收益率%	净利润/平均资产
	销售利润率%	销售利润/销售收入净额
	总资产报酬率%	（利润总额＋利息支出）/平均资产总额
	现金流入量/销售收入%	此处为经营活动产生的现金流
	成本费用利润率%	利润总额/成本费用总额
资产营运	总资产周转率（次）	销售收入净额/平均资产总额
	流动资产周转率（次）	销售收入净额/平均流动资产总额
	存货周转率（次）	销售成本/平均存货
	应收账款周转率（次）	销售收入净额/平均应收账款余额
偿债能力	资产负债率%	负债总额/资产总额
	流动比率%	流动资产/流动负债
	总债务/EBITDA（次）	EBITDA是指息税、折旧及摊销前收益
	全部资本化比率%	总债务/（总债务＋净资产）
	已获利息倍数	EBITDA/利息支出
	速动比率%	速动资产/流动负债
	净现金流量/总债务%	此处为经营活动产生的净现金流
发展能力	销售增长率%	本年销售增长额/本年销售收入额
	资本积累率%	本年所有者权益增长额/年初所有者权益
	总资产增长率%	本年总资产增长额/年初资产总额
	三年利润平均增长率%	（年末利润总额/三年前年末利润总额）1/3

（二）赊销管理制度

在一定的时间范围内，赊销期的延长，可以提高企业的销售量，促进销售收入增加，但是企业因此垫支的资金也在增加，资金成本提高，同时，企业收账费用和潜在坏账也在增加。此外，企业赊销期中商业折扣点的分布及折扣率的高低，直接影响企业商业折扣成本及其税金的增减。如果不能合理地控制企业的成本支出，企业销售收入虽然增加，但是经济效益却可能在下降。在实务中，会计通过建立分析预测模型，对企业收入增加、商业折扣及其税金、资金成本、收账费用和坏账损失等进行综合计算分析，为合理规划企业赊销政策提供建议。

例：企业赊销经济效益计算分析

实例：北京红叶公司销售 W 文具，以前采用现销方式，年销售量为 7500 支。该文具单价 5 元，单位变动成本 2.5 元，固定成本总额 10000 元。企业尚有 40%的剩余销量能力，现拟改变销售策略，据预测，如按 45 天付款期赊销商品，销售量可增至 10000 件，但需追加 4800 元的收账费用，同时估计的坏账损失为赊销额的 2%；如按 90 天的付款期限期赊销商品，销售量可增至 12000 件，但需追加 5500 元的收账费用，同时估计的坏账损失为赊销额的 3.5%，资金成本为 10%。红叶公司以多长信用期来赊销对公司更有利。

财务分析：通过进行信用期间改变，分析企业预期经济效益的变化，以供决策。

收益增加额＝（12000－10000）×（5－2.5）＝5000（元）

收账费用增加额＝5500－4800＝700（元）

坏账损失增加额＝12000×5×3.5%－10000×5×2%＝1100（元）

利息费用增加额＝［（12000×5÷360×90）×（12000×2.5÷

12000×5）×10%］－［（10000×5÷360×45）×（10000×2.5÷10000×5）×10%］＝437.5（元）

增量总成本＝700＋1100＋437.5＝2237.5（元）

企业净收益＝5000－2237.5＝2762.5（元）

结论：按 90 天信用期限销售比较有利，但企业需多投入资金10000 元。

（三）客户信用预警管理

在实际工作中，企业通常建立客户信用预警系统，用来防范客户信用风险。

1. 偿债能力预警

客户信用评估是预警系统的第一环节，通过评估来界定企业的授信范围和授信额度。企业决策层领导批准对特定客户的授信额度后，会计负责执行客户信用管理，在合同会签时及时如实反映客户应收款状况，如果发现合同的累计金额接近或超过授信额度时，应及时在合同会签单上向财务负责人和企业领导反映，并建议让客户提供担保等措施，以确保合同款安全回收。在合同执行过程中，如果发现客户的财务状况有恶化趋势，应及时向企业决策层领导反映，以便采取紧急措施来防范和补救损失。

2. 偿债意愿预警

客户信用期届满，会计应积极提醒销售员加紧联系收款；如果客户信用期已满，款项仍未收回，会计给客户寄发“收账通知单”，与销售员联合催账，并了解客户未能如期付款的真正原因；如果客户蓄意不付款，应尽早提请企业领导采取诉讼索赔等措施，追索欠款，减少损失。

五、销售合同会签管理实务

（一）销售合同会签管理

会计参与企业销售合同会签，对合同的有关条款进行重点审核，并在“销售合同会签单”上签署意见，经财务负责人和企业主管领导审核确认后，交给合同经办人执行。为了便于记忆和日常查找，会计通常建立销售合同会签管理台账，对经手的销售合同会签情况做记录。

（二）单证实例

例 1：销售合同会签单（格式）

销售合同会签单

合同编号：

<table>
<tr><td>购买方：</td><td>营销部门：</td></tr>
<tr><td rowspan="2">合同有关条款概述：
合同标的：
数　　量：
价格条款：
金　　额：
结算方式：
其　　他：</td><td>合同主谈人：
合同签订人：
合同执行经办人：
部门经理审核</td></tr>
<tr><td>财务部审核意见：
客户信用情况：
往来款余额情况：

初审人：
复审人：

财务经理：</td></tr>
<tr><td colspan="2">企业主管领导审批：</td></tr>
</table>

例 2：销售合同会签管理台账（格式）

销售合同会签管理台账

××年度

序号	合同号	标的	规格型号	数量	单价	金额	合同执行人	会签日期	备注

六、索债管理实务

客户信用期已满，经会计和销售员联合催账，但是客户已无力偿还，或有能力却故意不偿还货款，会计应将客户的情况及时反映给企业领导，以便采取措施收款。诉讼索赔是比较常见的索债方式之一。会计负责协助法律事务人员理清应收款的来由、偿还情况和余额，以便于法律事务人员掌握详实的证据，通过诉讼救济手段索债，挽回企业损失。在每个月末和年终，会计编制清欠报表，及时将清欠情况向企业高层领导汇报。

第二节　企事业单位采购往来账管理实务

一、应付账款管理实务

（一）应付账款管理流程

1. 流程图

签订采购合同 → 收货通知单 → 台账 → 入库单 → 会计审核制单 → 付款结算 → 对账

2. 流程说明

2.1 适用于企业应付账款管理。（销售退货退款参照执行）

2.2 会计参与采购合同文本会签。

2.3 货物运达后，由采购部经办人查验数量和损毁情况，质检人员依据合同规定的标准检验质量后，采购部经办人制作“收货通知单”，经会计签字确认后，交材料仓库办理入库。

2.4 会计在审核“收货通知单”时，登记采购管理台账备案。

2.5 审核无误后，仓库经办人开具“入库单”，仓库负责人审核确认，采购部经办人在“入库单”上签字后，仓库经办人将“入库单”中的一联交给采购部备查，一联交给会计审核入账。

2.6 会计审核入库单，审核无误后，制作记账凭证入账核算，并在采购管理台账上做记录。

2.7 会计依据企业规定的管理程序办理付款，结算购货款。

2.8 会计和采购部经办人定期对账，发现不一致时，及时查明情况，并作出处理。

3. 单证实例

例 1：收货通知单（格式）

收货通知单

2004 年 10 月 26 日

仓库：丰台 01 仓库	申请部门：采购部
合同号：BJ2001—CG058	供应商：北京通联电信公司
合同商品描述：大三元 3518 手机，数量 1500 部，单价 600 元/部，金额 900000 元。2001 年 10 月 26 日前提货。 本次到货数量：1500 部。	
采购部验收情况及处理意见：大三元 3518 手机到货 1500 部，验收无误。 审核：同意。 宋青 2001.10.26 经办人：于扬 2001.10.26	
质检员质检情况及处理意见：经随机选样（10%）抽检，未见有质量问题，认定全部合格。 审核：同意。 徐明 2001.10.26 经办人：王成 2001.10.26	
本次入库数量：大三元 3518 手机 1 500 部。	
货款结算方式和情况描述：提货后 30 日内付款。供应商的赊销折扣为：2/10，n/30。	
部门负责人审核：同意。宋青 2001.10.26 销售经办人：钱进	
会计审核：审核无误，同意入库。 张朴 2001.10.26	

注：1.“合同商品描述”主要用于填写合同标的名称、规格、数量、单价和金额等；

2. 会计依据销售合同对合同商品、入库数量、金额和货款结算等情况进行重点审核。

例 2：入库单（格式）

入 库 单

2001 年 10 月 26 日

合同号供应商：BJ2001—XS078　北京通联电信公司													
名称及规格	单 位	数 量	单 价	金　额									
				千	百	十	万	千	百	十	元	角	分
大三元 3518 手机	部	1500	600.00		¥	9	0	0	0	0	0	0	0
合　计					¥	9	0	0	0	0	0	0	0
审核：崔四　　保管员：丁凯　　采购部交货人：钱进													

例 3：商品采购执行台账（格式）

商品采购执行台账

年度

序号	合同号	供应商	商品名称、规格	入库数量	单价	金额	结算方式	货款结算情况	采购员日期	会计审核及日期	备注

注："备注"栏常用于记录仓库出库日期和会计结清合同款时作标记等。

（二）应付账款挂账管理

应付账款挂账主要包括：采购货物或接受劳务未及时付款、销售退货等。

1. 审核单证，制作记账凭证

（1）采购货物或接受劳务未及时付款

审核单证：对于采购货物，会计结合采购合同审核"入库单"，确认入库的数量、单价、金额和真实性、合法合规性；对于接受劳务，结合有关合同和实物验收证明，审核入账的审批情况、金额和真实性、合法合规性。

制作记账凭证：对于采购货物，借记“原材料——××材料”，借记“应交税金——应交增值税（进项）”，贷记“应付账款——××单位（或个人）”。

对于接受加工劳务，借记“在产品——××产品”等相关科目，借记“应交税金——应交增值税（进项）”，贷记“应付账款——××单位（或个人）”。

对于接受修理修配劳务，借记“固定资产”、“制造费用”或“管理费用”等相关科目，贷记“应付账款——××单位（或个人）”。

对于接受其他劳务，借记“管理费用”或“销售费用”等相关科目，贷记“应付账款——××单位（或个人）”。

(2) 销售退货

审核单证：会计结合销售合同审核客户退货通知、企业主管领导核准意见和“入库单”，确认入账依据和金额。

制作记账凭证：借记“产品（或商品）销售收入”，借记“应交税金——应交增值税（销项）”，贷记“应付账款——××单位（或个人）”。同时，借记“库存商品”，金额以“蓝”字入账，贷记“产品（或商品）销售成本”。

2. 应付账款挂账实例

(1) 采购货物未及时付款

实例：北京M食品公司从河北V面粉厂采购一级富强粉25吨，单价2元/千克，货款为50000元，增值税率为17%。2001年6月8日货款未付，面粉已到，并验收入库。采购合同号为BJ2001—CG016。

账务处理：会计结合BJ2001—CG016合同审核“入库单”，无误后，进行下列账务处理：

制作记账凭证时，在“摘要”栏填写“BJ2001—CG016 欠河北V面粉厂富强粉货款”，在“科目”和“金额”栏分别按总账科目和明细科目、借方和贷方填写分录，即借记“原材料——富强粉 50000”，借记“应交税金——应交增值税（进项税）8500”，贷记“应付账款——河北V面粉厂 58500”，将“入库单”作为原始凭证贴在记账凭证后面入账，采购合同按公司管理规定存档备查。

在登记账簿时，如果河北V面粉厂是固定老客户，往来账会计将上述业务及金额过入应付账款账簿的“河北V面粉厂”账户下，连续核算应付的往来款。

（2）销售退货

实例：河北V面粉厂向北京M食品公司销售一级富强粉25吨，单价2元/千克，货款为50 000元，增值税率为17%。2001年8月8日货款已收，8月9日接到北京M食品公司退货通知，其中2吨面粉已变质，要求退货，河北V面粉厂经调查了解实情后接受退货，并办理入库。销售合同号为HB2001—XS036。河北V面粉厂成本价1.75元/千克。

账务处理：会计结合HB2001—XS036合同审核退货通知和“入库单”，无误后，进行下列账务处理：

制作记账凭证时，在“摘要”栏填写“HB2001—XS036退货欠北京M食品公司货款”，在“科目”和“金额”栏分别按总账科目和明细科目、借方和贷方填写分录，即借记“主营业务收入－4000”，借记“应交税金——应交增值税（销项税）——680”，贷记“应付账款——河北V面粉厂 4680”；同时，借记“产成品 3000”贷记“主营业务成本”——3000，将退货通知和“入库单”作为原始凭证贴在记账凭证后面入账，销售合同按公司管理规定存档备查。

在登记账簿时，往来账会计将上述业务及金额过入应付账款账簿的“北京M食品公司”账户下，连续核算应付的往来款。

（三）应付账款销账管理

应付账款销账主要包括：支付合同款、债务重组、破产清算等。

1. 审核单证，制作记账凭证

(1) 支付合同款

审核单证：会计结合采购合同审核“付款审批单”，确认入账依据、金额和合法合规性，签署付款意见，经财务负责人审核确认后，交企业领导审批，会计依据企业领导审批意见办理入账。

制作记账凭证：借记“应付账款——××单位（或个人）”，贷记“现金”或“银行存款——××行账户”等相关科目。记账凭证交出纳办理付款，会计审核出纳填写的银行付款单证或票据，并签“财务章”。

(2) 债务重组

审核单证：会计审核债务重组合同和有关业务单证，确认入账依据、金额和合法合规性，签署付款意见，经财务负责人审核确认后，交企业领导审批，会计依据企业领导审批意见办理入账。

制作记账凭证：当企业以存货抵债时，会计按照公允价格确认销售，借记“应收账款——××单位（或个人）”，贷记“产品（或商品）销售收入”，贷记“应交税金——应交增值税（销项）”，同时，借记“产品（或商品）销售成本”，贷记“原材料——××材料”或“库存商品——××商品”等相关科目；抵债时，借记“应付账款——××单位（或个人）”，贷记“应收账款——××单位（或个人）”；对于债务重组收益，借记“应付账款——××单位（或个人）”，贷记“资本公积——债务重组收益”。

当债务人以固定资产抵债时，会计按照公允价格入账（部分固定资产清理分录略），借记“应收账款——××单位（或个人）”，贷记“固定资产清理”；抵债时，借记“应付账款——××单位（或个人）”，贷记“应收账款——××单位（或个人）”；对于债务重组收益，借记“应收账款——××单位（或个人）”，贷记“资本公积——债务重组收益”。

当企业用银行存款偿债时，借记“应付账款——××单位（或个人）”，贷记“银行存款——××行账户”；同时，对于债务重组收益，会计借记“应付账款——××单位（或个人）”，贷记“资本公积——债务重组收益”。记账凭证交出纳办理付款，会计审核出纳填写的银行付款单证或票据，并签“财务章”。

（3）破产清算

审核单证：会计审核经法院确认的债务清偿方案，确认入账依据、金额和合法合规性。

制作记账凭证：借记“应付账款——××单位（或个人）”，贷记“银行存款——××行账户”或“现金”。记账凭证交出纳办理付款，会计审核出纳填写的银行付款单证或票据，并签“财务章”。客户未获清偿的债务，依据企业破产法有关规定归于灭失。

2. 应付账款销账实例

（1）支付合同款

实例：某某镇食品公司2001年6月12日，向河北V面粉厂支付一级富强粉25吨货款50000元和增值税8500。采购合同号为BJ2001—CG016。

账务处理：会计结合BJ2001—CG016合同审核“付款审批单”，无误后，进行下列账务处理：

制作记账凭证时，在“摘要”栏填写“支付BJ2001—CG016河北V面粉厂富强粉货款”，在“科目”和“金额”栏分别按总账科目和明细科目、借方和贷方填写分录，即借记“应付账款——河北V面粉厂58500”，贷记“银行存款——交行大柳树支行58500”，将

“付款审批单”作为原始凭证贴在记账凭证后面入账。记账凭证交出纳办理付款。采购合同按公司管理规定存档备查。

在登记账簿时，将上述业务及金额过入应付账款账簿的“河北V面粉厂”账户下，核销应付的往来款。

(2) 债务重组

实例：北京X公司和北京Y公司均为一般纳税人企业。某年初，北京X公司于9个月前，购买北京Y公司800000元商品，开具了商业承兑汇票，由于发生财务困难短期内无力支付，经协商2001年1月12日进行债务重组。该汇票面值为936000元，期限为6个月、年利率为10%。北京X公司用公允价值为80000元、实际成本为60000元的自产产品和公允价值为200000元、账面价值250000元、累计折旧为40000元的设备和企业三年前购买的尚有6个月到期的、公允价值为85000元、账面价值为82000元的国库券偿还全部债务的50%；北京Y公司同意将其余50%债务中的70%减免，剩余债务延期到本年年末。北京X公司采购合同号为BJ2001—CG032。

账务处理：会计结合债务重组协议审核“出库单”、固定资产清理审批单和“付款审批单”，审核无误后，进行下列账务处理：

会计计算债务重组收益：936000×（1＋10%）÷12×6×（50%＋50%×70%）－［80000×（1＋17%）＋200000＋85000］＝835400－378600＝456800（元）

制作记账凭证时，在“摘要”栏填写“BJ2001—CG032应付北京Y公司货款债务重组”，在“科目”和“金额”栏分别按总账科目和明细科目、借方和贷方填写分录。转让库存商品时，借记“应收账款——北京Y公司93600”，贷记“主营业务收入80000”，贷记“应交税金——应交增值税（销项税）13600”，同时借记“主营业务成本60000”，贷记“产成品——××产品60000”，将“付款审批单”和“出库单”作为原始凭证贴在记账凭证后面入账。转让固定资产时，借记“固定资产清理 210000”，借记“累计折旧 40000”，贷记“固定资产——××设备 250000”；借记“应收账款——北京 Y 公司 200000”，贷记“固定资产清理 200000”；同时借记“营业外支出——处理固定资产净损失 10000”，贷记“固定资产清理 10000”，将“付款审批单”和固定资产清理审批单作为原始凭证贴在记账凭证后面入账。转让有价证券时，借记“应收账款——北京 Y 公司 85000”，贷记“长期债券投资——国库券 82000”，贷记“投资收益 3000”，将“付款审批单”和有价证券处置审批单作为原始凭证贴在记账凭证后面入账。结清债权债务时，借记“应付账款——北京 Y 公司 835400”，贷记“应收账款——北京 Y 公司 378600”，贷记“资本公积——债务重组收益 456800”。采购合同按公司管理规定存档备查。

在登记账簿时，将上述业务及金额过入应付账款账簿的“北京 Y 公司”账户下，核销应付的往来款。

(3) 破产清算

实例：清算组接管 ABC 破产企业时，该企业银行存款尚有 3000 元，各项负债总额达 7180000 元，其中：应付工资 600000 元、应付福利费 540000 元、应交税金 200000 元、其他应交款 35000 元、应付账款 5000000 元、借款 100000 元、其他应付款 505000 元、应付利润 200000 元。在破产清算中，破产财产变卖收入 4000000 元，支付清算费用 350000 元。应付账款包括：河北 Z 公司 1000000 元、北京 L 公司 2600000 元、天津 K 公司 1200000 元、北京 T 公司 200000 元。

账务处理：会计审核经法院核准的清算组提交的债务清偿方案，审核无误后，进行下列账务处理：

制作记账凭证时，在“摘要”栏填写“破产清算清偿债务”，在“科目”和“金额”栏分别按总账科目和明细科目、借方和贷方填写分录。支付工资福利费时，借记“应付工资 600000”（附员工明细），借记“应付福利费 540000”（附员工明细），贷记“银行存款 1140000”。交纳税金时，借记“应交税金 200000”（附税金明细），借记“其他未交款 35000”（附明细），贷记“银行存款 235000”。

清偿其他债务时，会计先计算清偿比例：［（3000＋4000000）－（600000＋540000＋200000＋35000）］÷（5000000＋100000＋505000＋200000）×100％＝45.27％

其他债务清偿金额为：借款：100000×45.27％＝45270（元）

其他应付款：505000×45.27％＝228613.50（元）

应付账款：5000000×45.27％＝2263500（元）

其中，河北 Z 公司：452700 元

北京 L 公司：1177020 元

天津 K 公司：543240 元

北京 T 公司：90540 元

应付利润：90616.5 元

清偿其他债务时，借记“借款 45270”（列明细），借记“其他应付款 228613.5”（列明细），借记“应付账款 2263500”（列明细），借记“应付利润 90616.5”（列明细），贷记“银行存款——××行账户 2628000”。

将应注销不再清偿的债务转入清算损益时，借记“借款54730”（列明细），借记“其他应付款 276386.5”（列明细），借记“应付账款 2736500”（列明细），借记“应付利润 109383.5”（列明细），贷记“清算损益 3177000”。

在登记账簿时，将上述业务及金额过入相应的账户下，核销应付的往来款。

（四）应付账款账簿和财务分析管理

应付账款账簿管理详见第五章有关内容。

应付账款财务分析管理主要有应付账款构成分析、应付账款账龄分析等，详见第五章有关内容。

二、预付账款管理实务

（一）预付款管理流程

1. 流程图

签订采购合同 → 付款审批单 → 收货通知单 → 台账 → 入库单 → 会计审核制单 → 结算货款 → 对账

2. 流程说明

2.1 适用于公司预付账款管理。

2.2 会计参与采购合同文本会签。

2.3 合同签订后，依据合同约定，及时办理企业付款审批管理手续，会计在“付款审批单”上签署意见。

2.4 货物运达后，由采购部经办人查验数量和损毁情况，质检人员依据合同规定的标准检验质量后，采购部经办人制作“收货通知单”，经会计签字确认后，交材料仓库办理入库。

2.5 会计在审核“收货通知单”时，登记采购管理台账备案。

2.6 审核无误后，仓库经办人开具“入库单”，仓库负责人审核确认，采购部经办人在“入库单”上签字后，仓库经办人将“入库单”中的一联交给采购部备查，一联交给会计审核入账。

2.7 会计审核入库单，审核无误后，制作记账凭证入账核算，并在采购管理台账上作记录。

2.8 在制作记账凭证时，会计结算合同款，如果预付款多于货款，差额暂挂预付账款，并通知采购部经办人及时办理退款；如果预付款少于货款，暂挂预付账款，待付款时，会计依据企业规定的管理程序办理付款，结算购货款。

2.9 会计和采购部经办人定期对账，发现不一致时，及时查明情况，并作出处理。

3. 单证实例

例 1：收货通知单（格式）

收 货 通 知 单

2001 年 10 月 28 日

仓库：丰台 02 仓库	申请部门：采购部
合同号：BJ2001—CG086	供应商：北京通达电信产品公司
合同商品描述：面值 50 元的 2015 电话卡，数量 12000 张，单价 35 元/张，金额 420000 元。2001 年 10 月 28 日前提货。 本次到货数量：12000 张。	
采购部验收情况及处理意见：面值 50 元的 2015 电话卡 12000 张验收无误。 审核：同意。 宋青 2001.10.28 经办人：于扬 2001.10.28	
质检员质检情况及处理意见：认定全部合格。 审核：同意。 徐明 2001.10.28 经办人：王成 2001.10.28	
本次入库数量：面值 50 元的 2015 电话卡 12000 张。	
货款结算方式和情况描述：款到后发货。10 月 25 日已付款 425000 元。	
部门负责人审核：同意。宋青 2001.10.28 采购经办人：钱进	
会计审核：审核无误，同意入库。 张朴 2001.10.28	

注：1.“合同商品描述”主要用于填写合同标的名称、规格、数量、单价和金额等；

2. 会计依据销售合同对合同商品、入库数量、金额和货款结算等情况进行重点审核。

（二）预付账款挂账管理

预付账款挂账主要包括：预付货款保证金、预付服务费、工程项目预付款、大型设备预付款等。

1. 审核单证，制作记账凭证

（1）预付货款保证金

审核单证：会计结合采购合同审核“付款审批单”，签署付款意见，经财务负责人审核确认后，交企业领导审批，会计依据企业领导审批意见办理入账。

制作记账凭证：借记“预付账款——××单位（或个人）”，贷记“银行存款——××行账户”或“现金”。记账凭证交出纳办理付款，会计审核出纳填写的银行付款单证或票据，并签“财务章”。

（2）预付服务费

审核单证：会计结合有关合同审核“付款审批单”，签署付款意见，经财务负责人审核确认后，交企业领导审批，会计依据企业领导审批意见办理入账。

制作记账凭证：借记“预付账款——××单位（或个人）”，贷记“银行存款——××行账户”或“现金”。记账凭证交出纳办理付款，会计审核出纳填写的银行付款单证或票据，并签“财务章”。

（3）工程项目预付款

审核单证：会计结合有关合同审核“付款审批单”，签署付款意见，经财务负责人审核确认后，交企业领导审批，会计依据企业领导审批意见办理入账。

制作记账凭证：借记“预付账款——××工程——××单位（或个人）”或“在建工程”，贷记“银行存款——××行账号”或“现金”。记账凭证交出纳办理付款，会计审核出纳填写的银行付款单证或票据，并签“财务章”。

（4）大型设备预付款

审核单证：会计结合有关合同审核“付款审批单”，签署付款意见，经财务负责人审核确认后，交企业领导审批，会计依据企业领导审批意见办理入账。

制作记账凭证：借记“预付账款——××设备——××单位（或个人）”或“在建工程”，贷记“银行存款——××行账号”或“现金”。记账凭证交出纳办理付款，会计审核出纳填写的银行付款单证或票据，并签“财务章”。

2. 预付账款挂账实例

实例：某乡镇D化工厂扩建项目需一台大型压力锅炉，经与山西R公司洽谈，达成协议，锅炉价金4500000元，北京D化工厂在合同签字生效后预付货款30%，其余款项分别按双方约定的生产进度控制点，逐次按30%、25%和5%支付。2001年5月6日北京D化工厂支付预付款1350000元。北京D化工厂合同号为BJ2001—CG030。

账务处理：会计结合BJ2001—CG030合同审核“付款审批单”，无误后，进行下列账务处理：

制作记账凭证时，在“摘要”栏填写“预付BJ2001—CG030山西R公司压力锅炉款”，在“科目”和“金额”栏分别按总账科目和明细科目、借方和贷方填写分录，即借记“在建工程——压力锅炉——山西R公司1350000”，贷记“银行存款——交行大柳树支行1350000”，将“付款审批单”作为原始凭证贴在记账凭证后面入账。记账凭证交出纳办理付款。采购合同按公司管理规定存档备查。

在登记账簿时，如果山西R公司是新户，往来账会计在预付账款下设“山西R公司”账户，将上述业务及金额过入预付账款账簿的“山西R公司”账户下核算。

（三）预付账款销账管理

预付账款销账主要包括：收到预订的货物、接受服务成果、工程竣工结算、设备到货等。

1. 单证审核，制作记账凭证

(1) 收到预订的货物

审核单证：会计结合采购合同、发票审核"入库单"，确认入账数量、单价、金额和真实性、合法合规性。

制作记账凭证：借记"原材料——××材料"等相关科目，贷记"预付账款——××单位（或个人）"。

(2) 接受服务成果

审核单证：会计结合有关合同、发票审核实物验收证明，确认入账依据、金额和真实性、合法合规性。

制作记账凭证：借记"管理费用"等相关科目，贷记"预付账款——××单位（或个人）"。

(3) 工程竣工结算

审核单证：会计结合有关工程合同、发票审核"工程竣工结算表"，确认入账依据、金额和真实性、合法合规性。

制作记账凭证：借记"在建工程——××工程"，贷记"预付账款——××工程——××单位（或个人）"。

(4) 设备到货

审核单证：会计结合有关合同、发票审核"入库单"，确认入账数量、单价、金额和真实性、合法合规性。

制作记账凭证：借记"固定资产——××设备"，贷记"预付账款——××设备——××单位（或个人）"。

2. 预付账款销账实例

实例：某乡镇F公司采购货物20吨，2001年6月8日按双方约定预付给河北K公司货款保证金234000元。2001年6月12日收到预订的货物，并验收入库。北京F公司合同号为BJ2001—CG023。

账务处理：会计结合BJ2001—CG023合同审核"入库单"，审核无误后，进行下列账务处理：

制作记账凭证时，在"摘要"栏填写"结算BJ2001—CG023河北K公司购货款”，在“科目”和“金额”栏分别按总账科目和明细科目、借方和贷方填写分录，即借记“原材料——××材料200000”，借记“应交税金——应交增值税（进项税）34000”，贷记“预付账款——河北K公司234000”，金额都以“蓝”字入账。将“入库单”作为原始凭证贴在记账凭证后面入账。采购合同按公司管理规定存档备查。

在登记账簿时，将上述业务及金额过入预付账款账簿的“山西R公司”账户下核算，核销往来款。

（四）预付账款账簿和财务分析管理

预付账款账簿管理详见第五章有关内容。

预付账款财务分析管理主要有预付账款构成分析、预付账款账龄分析等，详见第五章有关内容。

（五）预付账款客户信用管理

预付账款通常用于货款保证金、海关保证金、订制产品或劳务等，会计在合同会签和审核“付款审批单”时，应从客户信用风险防范的角度对客户的履约能力、财务状况和履约意愿等进行审核并签署意见。会计审核事项包括：客户业务资质、以往的业绩、财务报表和履约信誉等。

（六）预付账款索债管理

合同期届满，会计及时提醒采购员催收货物、订制的产品或劳务量，除非客户由于客观工作进度较慢等原因外，如无特殊原因，客户不能按时交付合同标的，会计应及时向企业领导反映情况，以便采取措施收款。对于客观进度慢而耽搁的，经双方磋商后限期完成。诉讼索赔是比较常见的索债方式之一。会计负责协助法律事务人员理清预付账款的来由、货物或劳务提交情况和预付账款余额，以便于法律事务人员掌握详实的证据，通过诉讼救济手段索债，挽回企业损失。在每个月末和年终，会计编制清欠报表，及时将清欠情况向企业高层领导汇报。

三、采购外汇往来账管理实务

企业进口贸易主要有自营进口和代理进口等。下面以自营进口贸易为例来介绍采购外汇往来账管理实务。

（一）流程管理

1. 流程图

进口合同会签 → 信用证开证等 → 入库单等 → 进口结算 → 内销或自用

2. 流程说明

2.1 会计参与进口合同文本会签。

2.2 会计参与信用证开证，并落实外汇资金，在需要时，办理用汇审批手续。同时，会计按照海关要求，预付海关税费保证金或提供保函。

2.3 进口货物运达报关后，会计审核“入库单”和关税等税票，办理货物入库核算。

2.4 在办理进口结算时，会计依据进口合同，审核商业发票、付款通知单、提单、报关单、付款审批单，无误后，办理货款支付。对于支付的外汇，会计通过开户行办理用汇申报，通过主管外汇管理部门办理外汇核销手续。

2.5 进口货物内销或自用时，会计审核相应的业务单证，无误后，办理入账核算。

（二）自营进口贸易管理

1. 审核单证，制作记账凭证

（1）信用证进口结算

审核单证：会计结合进口合同和信用证文本，支付信用证保证金时，审核“付款审批单”；收到对方全套单据，办理进口结算时，审核商业发票、提单、保险单据、进口许可证、付款通知单、原产地证明、进口报关单等，企业同意付款时，在付款通知单上盖预留银行印鉴；银行费用入账时，审核借记通知单，确认入账依据、金额、真实性、一致性和合法合规性。

制作记账凭证：支付信用证保证金时，借记“其他应收外汇账款——信用证存款——××银行（××外币）”，贷记“银行存款——××银行（××外币或人民币）”（注：以人民币购汇支付信用证保证金时，须填写“购汇申请书”）；办理进口结算时，借记“物资采购——自营进口——××商品”，贷记“其他应收外汇账款——信用证存款——××银行（××外币）”，汇兑损益贷（借）记“财务费用——汇兑损益”；银行费用入账时，借记“财务费用——××费用”，贷记“银行存款——××银行（××外币）”。

（2）预付款进口货物

审核单证：会计结合进口合同，支付预付款时，审核付款通知单、商业发票和“付款审批单”，企业同意付款时，办理“境外电汇申请书”；进口到货，收到对方全套单据，办理进口结算时，审核商业发票、提单、保险单据、进口许可证、付款通知单、进口报关单、原产地证明等；银行费用入账时，审核通知单，确认入账依据、金额、真实性、一致性和合法合规性。

制作记账凭证：每次支付预付款时，借记“预付外汇账款——单位”，贷记“银行存款——××银行（××外币或人民币）”（注：以人民币购汇支付时，须填写“购汇申请书”）；进口到货时，借记“物资采购——自营进口——××商品”，贷记“预付外汇账款——单位”，汇兑损益贷（借）记“财务费用——汇兑损益”；银行费用入账时，借记“财务费用——××费用”，贷记“银行存款——××银行（××外币）”。

（3）货到付款

审核单证：会计结合进口合同，审核商业发票、提单、保险单据、进口许可证、付款通知单、原产地证明、进口报关单、“付款审批单”等，企业同意付款时，办理“境外电汇申请书”；银行费用入账时，审核借记通知单，确认入账依据、金额、真实性、一致性和合法合规性。

制作记账凭证：支付进口款项时，借记“物资采购——自营进口——××商品”，贷记“银行存款——××银行（××外币或人民币）”（注：以人民币购汇支付时，须填写“购汇申请书”），进口合同约定了进口汇率时，汇兑损益贷（借）记“财务费用——汇兑损益”；银行费用入账时，借记“财务费用——××费用”，贷记“银行存款——××银行（××外币）”。

（4）货到后定期付款

审核单证：进口到货，收到对方全套单据时，会计结合进口合同，审核商业发票、提单、保险单据、进口许可证、付款通知单、原产地证明、进口报关单等；支付进口款项时，审核付款通知单、商业发票和“付款审批单”，企业同意付款时，办理“境外电汇申请书”；银行费用入账时，审核通知单，确认入账依据、金额、真实性、一致性和合法合规性。

制作记账凭证：进口到货，收到对方全套单据时，借记“物资采购——自营进口——××商品”，贷记“应付外汇账款——××单位”；支付进口款项时，借记“应付外汇账款——××单位”，贷记“银行存款——××银行（××外币或人民币）”（注：以人民币购汇支付时，须填写“购汇申请书”），汇兑损益贷（借）记“财务费用——汇兑损益”；银行费用入账时，借记“财务费用——××费用”，贷记“银行存款——××银行（××外币）”。

（5）海关税费核算

审核单证：会计结合进口合同，预付海关保证金时，审核付款审批单；货物报关通关后，审核进口报关单、海关税收缴款书、报关费和港口杂费发票及收据等，确认入账依据、金额、真实性、一致性和合法合规性。

制作记账凭证：预付海关保证金时，借记“预付账款——保证金——××海关”，贷记“银行存款——××银行（人民币）”。货物报关通关后，按收到的原始单证，对于税金，借记“物资采购——自营进口——××商品”，借记“应交税金——应交增值税（进项税）”，贷记“预付账款——保证金——××海关”；对于报关费和港口杂费等，借记“营业费用——××费用”，贷记“预付账款——保证金——××海关”。

（6）货物入库

审核单证：进口货物入库办理入账时，会计结合进口合同、进口报关单、海关税收缴款书，审核“入库单”，确认入账依据、金额、真实性、一致性和合法合规性。

制作记账凭证：借记“库存商品——××商品”，贷记“物资采购——自营进口——××商品”。

（7）货物到岸前的运费、保险费

审核单证：进口合同用CIF以外价格条件成交时，会计结合进口合同、进口报关单、海关税收缴款书，审核货物到岸前发生的运输收据、保险单、付款通知单、付款审批单等单证，确认入账依据、金额、真实性、一致性和合法合规性。

制作记账凭证：借记“物资采购——自营进口——××商品”，贷记“银行存款——××银行（××外币或人民币）”（注：以人民币购汇支付时，须填写“购汇申请书”）；银行费用入账时，借记“财务费用——××费用”，贷记“银行存款——××银行（××外币）”。

(8) 境内运费

审核单证：会计结合进口合同，审核货物境内运输发票、付款审批单等单证，确认入账依据、金额、真实性、一致性和合法合规性。

制作记账凭证：借记“营业费用——运费”，贷记“银行存款——××银行（人民币）”；银行费用入账时，借记“财务费用——手续费”，贷记“银行存款——××银行（人民币）”，金额都以“蓝”字入账。

(9) 佣金

审核单证：对于买方佣金，会计结合进口合同，审核商业发票、提单、保险单据、进口许可证、付款通知单、进口报关单、原产地证明等，企业同意付款时，办理“境外电汇申请书”；银行费用入账时，审核通知单；对于卖方佣金（明佣），对外支付货款时，扣减相应付款额；对于卖方暗佣，收到卖方支付的佣金时，审核收款单证，确认入账依据、金额、真实性、一致性和合法合规性。

制作记账凭证：对于发票上注明的买方明佣和暗佣，借记“物资采购——自营进口——××商品”，贷记“银行存款——××银行（××外币或人民币）”（注：以人民币购汇支付时，须填写“购汇申请书”）；银行费用入账时，借记“财务费用——××费用”，贷记“银行存款——××银行（××外币）”。对于收到卖方暗佣，借记“银行存款——××银行（××外币）”，贷记“物资采购——自营进口——××商品”。对于收到卖方明佣，借记“物资采购——自营进口——××商品”，贷记“应付外汇账款——××单位”，金额以“红”字入账。

(10) 索赔、理赔款

审核单证：办理索赔、理赔时，会计结合进口合同，审核索赔通知、进口商检单证；收到赔款时，审核银行收款单证，确认入账依据、金额、真实性、一致性和合法合规性。

制作记账凭证：办理索赔、理赔时，根据索赔、理赔原因，借记“应收外汇账款——××船运公司、保险公司等；”贷记“物资采购——自营进口——××商品”。收到赔款时，会计借记“银行存款——××银行（××外币）”，贷记“应收外汇账款——××船运公司、保险公司等”，汇兑损益借或贷记“财务费用——汇兑损益”。

2. 自营进口贸易管理实例

实例：2002 年 5 月 AB 五金进出口公司进口日本甲商社 X 型钢材 500 吨，成交价总额为 FOB 横滨 150000 美元，运抵我国口岸支付 WR 船运公司运费 300 美元，AS 保险公司保险费 300 美元，日本出口商支付 AB 五金公司佣金（暗佣）3000 美元。该钢材进口关税为 15%。

5 月 6 日 AB 公司开出信用证，并在“海淀工行”外汇账户存入信用证保证金 150000 美元；5 月 8 日存入北京中关村海关保证金 440000 元；5 月 12 日信用证提示付款，13 日同意付款；5 月 15 日钢材到货报关缴纳税费；5 月 16 日支付运费和保险费，5 月 17 日办理入库，18 日收到佣金。北京 AB 五金进出口公司合同号为 BJ—ZJK013。

账务处理：会计结合 BJ—ZJK013 合同和信用证，5 月 6 日支付信用证保证金时，审核“付款审批单”；5 月 8 日支付海关保证金时，审核“付款审批单”；5 月 13 日信用证付款时，审核商业发票、进口报关单、提单、进口许可证、付款通知单、“付款审批单”；5 月 15 日报关缴税后，审核海关税收缴款书；5 月 16 日支付运费和保险费时，审核运输单据、保险单、付款通知单、“付款审批单”；5 月 17 日商检后办理入库手续时，审核入库单；18 日收到佣金时，审核收款单证，无误后，进行下列账务处理：

5月6日，会计在记账凭证的“摘要”栏填写“支付BJ—ZJK013合同信用证保证金”，在“科目”和“金额”栏分别按总账科目和明细科目、借方和贷方填写分录，即借记“其他应收外汇账款——信用证保证金——海淀工行（美元户）1252500”，贷记“银行存款——海淀工行（美元户）1252500”，金额都以“蓝”字入账，将“付款审批单”贴在记账凭证后面入账。（注：150000美元×8.35＝1252500元）

5月8日，会计在记账凭证的“摘要”栏填写“支付BJ—ZJK013合同海关保证金”，在“科目”和“金额”栏分别按总账科目和明细科目、借方和贷方填写分录，即借记“预付账款——海关保证金——中关村海关440000”，贷记“银行存款——海淀工行（人民币）440000”，金额都以“蓝”字入账，将“付款审批单”贴在记账凭证后面入账。

5月13日，会计在记账凭证的“摘要”栏填写“BJ—ZJK013合同结算进口货款”，在“科目”和“金额”栏分别按总账科目和明细科目、借方和贷方填写分录，即借记“物资采购——自营进口——X型钢材1251000”，贷记“其他应收外汇账款——信用证保证金——海淀工行（美元户）1252500”，借记“财务费用——汇兑损益1500”，金额都以“蓝”字入账，将商业发票、付款通知单、“付款审批单”贴在记账凭证后面入账。（注：150000美元×8.34＝1251000元）

5月15日，会计在记账凭证的“摘要”栏填写“支付BJ—ZJK013合同海关税金”，在“科目”和“金额”栏分别按总账科目和明细科目、借方和贷方填写分录，即借记“物资采购——自营进口——X型钢材189756”，借记“应交税金——应交增值税（进项税）247315.32”，贷记“预付账款——海关保证金——中关村海关437071.32”，金额都以“蓝”字入账，将海关税收缴款书贴在记账

凭证后面入账。(注：报关日汇率 8.40)

5月16日，会计在记账凭证的“摘要”栏填写“BJ—ZJK013 合同结算境外运费、保险费”，在“科目”和“金额”栏分别按总账科目和明细科目、借方和贷方填写分录，即借记“物资采购——自营进口——X 型钢材 5016”，贷记“银行存款——海淀工行（美元户）2508”，贷记“银行存款——海淀工行（美元户）2508”，金额都以“蓝”字入账，将运输单据、保险单、“付款审批单”贴在记账凭证后面入账。(注：300 美元×8.36＝2508 元)

5月17日，会计在记账凭证的“摘要”栏填写“BJ—ZJK013 合同货物入库”，在“科目”和“金额”栏分别按总账科目和明细科目、借方和贷方填写分录，即借记“库存商品——进口——X 型钢材 1445772”，贷记“物资采购——自营进口——X 型钢材 1445772”，金额都以“蓝”字入账，将入库单贴在记账凭证后面入账。

5月18日，会计在记账凭证的“摘要”栏填写“收 BJ—ZJK013 佣金”，在“科目”和“金额”栏分别按总账科目和明细科目、借方和贷方填写分录，即借记“库存商品——X 型钢材－25020”，借记“银行存款——海淀工行（美元户）25020”，金额都以“蓝”字入账，将收款单证贴在记账凭证后面入账。(注：3000 美元×8.34＝25020 元)

（三）自营进口贸易往来账账簿和财务分析管理

自营进口贸易外汇往来账账簿管理包括应付外汇账款、其他应收外汇账款、预付外汇账款等，详见第五章有关内容。

自营进口贸易外汇往来账财务分析管理包括应付外汇账款期末余额构成分析、预付外汇账款期末余额构成分析等，详见第五章有关内容。

四、商业信用融资管理实务

商业信用是企业营运资金来源的渠道之一，在客户提供的信用期内，企业可以暂不支付采购款项。但商业信用决不是欠账不还，如果客户信用期满，企业仍未支付款项，那就是欠账拖账行为，企业的履约信誉度将直接受损。通常企业商业信用管理是通过比较商业折扣和同期企业资金的投资报酬率的高低和权衡企业货币资金持有量的情况，选择具体付款日期和金额。

例：商业信用融资计算分析

实例：北京红叶公司采购一批货物，供应商报价如下：①立即付款，价格为 9630 元；②30 天内付款，价格为 9750 元；③ 31 天至 60 天内付款，价格为 9870 元；④61 天至 90 天内付款，价格为 10000 元。计算分析公司是否应该放弃现金折扣，如果选择现金折扣，哪种报价对公司最有利。

财务分析：

① 立即付款：

折扣率＝（10000－9630）÷10000×100％＝3.70％

放弃折扣成本＝3.70％÷（1－3.70％）×360÷（90－0）＝15.37％

② 30 天付款：

折扣率＝（10000－9750）÷10000×100％＝2.50％

放弃折扣成本＝2.50％÷（1－2.50％）×360÷（90－30）
＝15.38％

③ 60 天付款：

折扣率＝（10000－9870）÷10000×100％＝1.30％

放弃折扣成本＝1.30 ％÷（1－1.30％）×360÷（90－60）
＝15.81％

会计根据计算结果，结合近期公司是否有投资项目，用投资项目的报酬率与折扣成本率比较；如果公司是没有投资项目，可用同期银行存款利率与折扣成本率比较，选择商业信用融资。

第三节 企事业单位其他往来账管理实务

一、其他应收款管理实务

（一）其他应收款挂账管理

其他应收款挂账主要包括：备用金、外埠存款、个人借款、押金、向内部关联单位拨款、代内部关联单位垫款、索赔款、罚款等。

1. 审核单证，制作记账凭证

(1) 备用金

审核单证：会计审核企业备用金领用管理文件和“付款审批单”，确认入账依据和金额，并签署付款意见，经财务负责人审核确认后，交企业领导审批，会计依据企业领导的审批制作凭证入账。

制作记账凭证：借记“其他应收款——备用金——××人”，贷记“现金”。记账凭证交出纳审核办理付款。

(2) 外埠存款

审核单证：会计审核“付款审批单”，确认入账依据、金额和合法合规性，并签署付款意见，经财务负责人审核确认后，交企业领导审批，会计依据企业领导的审批制作凭证入账。

制作记账凭证：借记“其他应收款——外部存款——××银行”，贷记“银行存款——××行账户”。记账凭证交出纳审核办理付款，会计在出纳填写的银行付款单证或票据上签“财务章”。

(3) 个人借款

审核单证：会计审核“付款审批单”，确认入账依据、金额和合法合规性，并签署付款意见，经财务负责人审核确认后，交企业领导审批，会计依据企业领导的审批制作凭证入账。

制作记账凭证：借记“其他应收款——××人”，贷记“现金——××币种”。记账凭证交出纳审核办理付款。

(4) 押金

审核单证：会计审核“付款审批单”，确认入账依据、金额和合法合规性，并签署付款意见，经财务负责人审核确认后，交企业领导审批，会计依据企业领导的审批制作凭证入账。

制作记账凭证：借记“其他应收款——押金——××单位”，贷记“银行存款——××行账户”或“现金”。记账凭证交出纳审核办理付款，会计在出纳填写的银行付款单证或票据上签“财务章”。

(5) 向内部关联单位拨款或代内部关联单位垫款

审核单证：会计审核“付款审批单”，确认入账依据、金额和合法合规性，并签署付款意见，经财务负责人审核确认后，交企业领导审批，会计依据企业领导的审批制作凭证入账。

制作记账凭证：借记“其他应收款——内部往来——××单位”，贷记“银行存款——××行账号”。记账凭证交出纳审核办理付款，会计在出纳填写的银行付款单证或票据上签“财务章”。

(6) 索赔款

审核单证：会计审核有关部门开具的索赔证明单，确认入账依据、金额和合法合规性。

制作记账凭证：借记“其他应收款——××单位或个人”，贷记“营业外收入——赔款”。

(7) 罚款

审核单证：会计审核有关部门开具的罚款单，确认入账依据、金额和合法合规性。

制作记账凭证：借记“其他应收款——××单位或个人”，贷记“营业外收入——罚款”。

2. 其他应收款挂账实例

(1) 备用金

实例：按红叶文化公司备用金制度规定，办公室秘书陈二经管备用金定额5000元，2001年6月3日，陈二送来“付款审批单”，借备用金5000元。

账务处理：会计结合备用金制度审核“付款审批单”，审核无误后，签署付款意见，交财务负责人审核确认后，陈二送交企业领导审批，会计依据企业领导批示进行下列账务处理：

制作记账凭证时，在“摘要”栏填写“办公室陈二借备用金”，在“科目”和“金额”栏分别按总账科目和明细科目、借方和贷方填写分录，即借记“其他应收款——备用金——陈二5000”，贷记“现金5000”，将“付款审批单”作为原始凭证贴在记账凭证后面入账。记账凭证交出纳办理付款。备用金管理制度存档备查。

在登记账簿时，在其他应收款账簿设置“备用金”账户，并将上述业务及金额过入账簿。

(2) 外埠存款

实例：2001年6月5日红叶文化公司采购部王四去四川成都执行临时采购，送来“付款审批单”，借款38000元。

账务处理：会计审核“付款审批单”，签署付款意见，建议在工商行成都分行营业部开立采购专户；交财务负责人审核确认后，王四送交企业领导审批，会计依据企业领导批示，进行下列账务处理：

制作记账凭证时，在“摘要”栏填写“采购部王四借成都采购开立临时账户款”，在“科目”和“金额”栏分别按总账科目和明细科目、借方和贷方填写分录，即借记“其他应收款——外埠存款——工商行成都分行 38000”，贷记“银行存款——工商行柳叶分理处 38000”，将“付款审批单”作为原始凭证贴在记账凭证后面入账。记账凭证交出纳填写电汇委托书，办理付款。会计审核出纳填写的电汇委托书，审核无误后，会计签“财务章”，出纳签“人名章”，送交开户行办理付款。

在登记账簿时，在其他应收款账簿的子科目“外埠存款”下单设账页，建立新户“工商行成都分行”，并将上述业务及金额过入账簿。

(3) 代内部关联单位垫款

实例： A 公司和 B 公司是母子公司，B 公司 2001 年 3 月 5 日采购原材料需资金 234000 元，但是 B 公司资金不足，经与 A 公司协商，由 A 公司代垫货款，3 月 6 日 A 公司向供货商电汇 234000 元。

账务处理： A 公司会计结合代垫款申请文件审核“付款审批单”，审核无误后，进行下列账务处理：

制作记账凭证时，借记“其他应收款——内部往来——B 公司 234000”，贷记“银行存款——工商行 X 支行 234000”，将代垫款申请文件和“付款审批单”作为原始凭证贴在记账凭证后面入账。记账凭证交出纳办理付款。

登记账簿时，会计将上述业务过入其他应收款账簿“B 公司”账户核算。

(4) 索赔款

实例： 2001 年 4 月 6 日 W 公司的一辆轿车被 N 公司的运输车追尾，轿车车身损伤严重，经双方商定，由 N 公司赔偿 W 公司 38000元。

账务处理： W 公司会计审核赔偿确认单，无误后，进行下列账

账务处理： W公司会计审核赔偿确认单，无误后，进行下列账务处理：

制作记账凭证时，借记"其他应收款——N公司38000"，贷记"营业外收入——赔款38000"，赔偿确认单作为原始凭证入账。

登记账簿时，会计在其他应收款账簿设置"N公司"账户，核算该笔应收的往来账。

（二）其他应收款销账管理

其他应收款销账主要包括：备用金收回、外埠存款用于采购、个人借款交回、收回押金、收回内部关联单位拨款、收回内部关联单位代垫款、收到赔款、收到罚款等。

1. 审核单证，制作记账凭证

（1）备用金收回

审核单证： 会计审核企业收回备用金领用资格的通知和现金，确认入账依据和金额。

制作记账凭证： 借记"现金"，贷记"其他应收款——备用金——××人"。记账凭证交出纳审核办理收款。

（2）外埠存款用于采购

审核单证： 会计审核"入库单"和购货发票，确认入账依据、金额和合法合规性。

制作记账凭证： 借记"原材料——××材料"，贷记"其他应收款——外埠存款——××银行"。

（3）个人借款交回

审核单证： 会计审核现金，确认入账依据、金额和正确性。

制作记账凭证： 借记"现金"，贷记"其他应收款——××人"。记账凭证交出纳审核办理收款。

（4）收回押金

审核单证： 会计审核开户行收款通知或现金和入账通知，确认入账依据、金额和正确性。

制作记账凭证： 借记“银行存款——××行账户”或“现金”，贷记“其他应收款——押金——××单位”。记账凭证交出纳审核办理收款。

（5）收回内部关联单位拨款或内部关联单位代垫款

审核单证： 会计审核开户行收账通知，确认入账金额和依据。

制作记账凭证： 借记“银行存款——××行账户”，贷记“其他应收款——内部往来——××单位”。记账凭证交出纳审核办理收款。

（6）收到赔款

单证审核： 会计审核开户行收账通知或现金，确认入账金额和依据。

制作记账凭证： 借记“银行存款——××行账户”或“现金”，贷记“其他应收款——××单位或个人”。记账凭证交出纳审核办理收款。

（7）收到罚款

审核单证： 会计审核开户行收账通知或现金，确认入账金额和依据。

制作记账凭证： 借记“银行存款——××行账户”或“现金”，贷记“其他应收款——内部往来——××单位或个人”。记账凭证交出纳审核办理收款。

2. 其他应收款销账实例

（1）备用金收回实例

实例： 2001 年 10 月 12 日接到北京红叶文化公司通知，办公室秘书陈二外派学习 3 个月，陈二经管的备用金定额 5000 元于 2001 年 10 月 15 日前交回财务。10 月 14 日陈二归还备用金 5000 元。

账务处理： 会计结合公司通知，审核陈二交回的现金，进行下列账务处理：

制作记账凭证时，在“摘要”栏填写“办公室陈二归还备用金”，在“科目”和“金额”栏分别按总账科目和明细科目、借方和贷方填写分录，即借记“现金 5000”，贷记“其他应收款——备用金——陈二 5000”。将记账凭证交出纳办理收款。公司通知存档备查。

在登记账簿时，往来账会计将上述业务及金额过入“备用金”科目下的“陈二”账户，核销备用金借款。

(2) 外埠存款用于采购实例

实例：2001 年 6 月 16 日北京红叶文化公司采购部王四从成都采购完毕，采购宣纸货款 32000 元，并将余款电汇退回公司。6 月 18 日会计收到仓库管理员送来的“入库单”，王四交来购货发票，银行费用单证 12.20 元，并接到开户行 5987.80 元收款通知单。

账务处理：会计结合购货发票审核“入库单”，确认购货32000 元；审核银行费用单证，确认银行费用 12.20 元；审核银行收款通知单，确认银行收到退回余款 5987.8 元，审核无误后，进行下列账务处理：

制作记账凭证时，在“摘要”栏填写“付采购部王四成都采购款，余款收回”，在“科目”和“金额”栏分别按总账科目和明细科目、借方和贷方填写分录，即借记“库存商品——宣纸 32000”，借记“财务费用——银行手续费 12.20”，借记“银行存款——工商行柳叶分理处 5987.80”，贷记“其他应收款——外埠存款——工商行成都分行 38000”，将购货发票、银行费用单证、“入库单”和开户行收款通知单，作为原始凭证贴在记账凭证后面入账。记账凭证交出纳审核入账。

在登记账簿时，将上述业务及金额过入其他应收款账簿“工商行成都分行”账户，核销外埠存款。

（3）收到罚款实例

实例： 2001年5月8日TF公司的员工D违反公司管理制度，在仓库吸烟，被公司安全部门处以罚款2000元，罚款单位已经通知财务入账。5月12日，员工D来财务交纳罚款。

账务处理： 会计审核罚款单，制作记账凭证，借记“现金2000”，贷记“其他应收款——员工D 2000”，记账凭证交出纳办理收款。在登记账簿时，会计将该笔业务过入其他应收款账簿“员工D”账户，核销应收的往来账。

（4）收回内部关联单位拨款实例

实例： A公司2001年4月6日向子公司B拨款500000元，用于采购原材料，8月3日B公司还回资金500000元，收到电汇收款通知1张。

账务处理： A公司会计审核拨款文件，无误后，制作记账凭证，借记“银行存款——工商行X支行500000”，贷记“其他应收款——内部往来——B公司500000”，记账凭证交出纳办理收款。

（三）其他应收款账簿和财务分析管理

其他应收款账簿管理详见第五章有关内容。

其他应收款财务分析管理主要有其他应收款构成分析、其他应收款账龄分析等，详见第五章有关内容。

二、其他应付款管理实务

（一）其他应付款挂账管理

其他应付款挂账主要包括：担保债务、预提的应付未付款项转入、内部关联单位划入资金、内部关联单位代垫资金、来由不明的货币资金、个人集资款、其他应付未付员工的款项等。

1. 单证审核，制作记账凭证

（1）担保债务赔款

审核单证：会计结合担保函（或协议）审核对方单位的催款通知，确认入账依据、金额和真实性、合法合规性。

制作记账凭证：借记“营业外支出——担保赔款”，贷记“其他应付款——××单位”。

（2）预提的应付未付款项转入

审核单证：会计在年终将“预提费用”科目计提的费用中，已经发生但尚未支付的款项，转入其他应付款。

制作记账凭证：借记“预提费用——××费用”，贷记“其他应付款——××单位”。

（3）内部关联单位划入资金

审核单证：会计审核开户行收款通知，确认入账依据、金额和真实性、合法合规性。

制作记账凭证：借记“银行存款——××行账户”，贷记“其他应付款——内部往来——××单位”。记账凭证交出纳审核办理收款。

（4）内部关联单位代垫资金

审核单证：会计审核代垫款项的有关票证，确认入账依据、金额和真实性、合法合规性。

制作记账凭证：借记“管理费用”等相关科目，贷记“其他应付款——内部往来——××单位”。

（5）来由不明的货币资金

审核单证：对于出纳长款，会计审核财务负责人确认单，对于其他资金，会计审核有关凭证，确认入账依据、金额和真实性、合法合规性。

制作记账凭证：借记“现金”，贷记“待处理财产损益”——待处理流动资产损益。记账凭证交出纳审核办理收款。

（6）个人集资款

审核单证：会计审核集资文件和现金，确认入账依据、金额和真实性、合法合规性。

制作记账凭证：借记“现金”，贷记“其他应付款——集资款”。记账凭证交出纳审核办理收款。

2. 其他应付款挂账实例

(1) 担保债务

实例：B公司向Y公司购买货物，Y公司要求提供担保，A公司为B公司担保，如果B公司在合同约定期内不能支付货款200000元，由A公司偿付。2001年6月8日因B公司到期不能付款，Y公司向A公司发出通知，要求偿付B公司购货款200000元。

账务处理：A公司会计结合担保协议，审核索债通知和企业领导批示，无误后，借记“营业外支出——担保债务200000”，贷记“其他应付款——Y公司200000”，将索债通知作为原始凭证入账。登记账簿时，会计在其他应付款账簿设置“Y公司”账户，用于核算应付的往来款。

(2) 预提的应付未付款项

实例：G公司每月按照租房合同计提房租费和水电费，2001年因公司资金紧张，已经计提的6—12月房租和水电费合计65000元未能支付给物业公司F，年终结账时会计从预提费用转入其他应付款。

账务处理：借记“预提费用——房租水电费65000”，贷记“其他应付款——F物业公司65000”。登记账簿时，在其他应付款账簿设置“F物业公司”账户，用于核算应付的往来款。

(3) 内部关联单位划入资金

实例：B公司是A公司的子公司，2001年8月3日经集团内部财务公司，从A公司划给B公司5000000元，用于B公司采购出口商品。

账务处理：会计结合内部资金申请单审核开户行收款通知，制作记账凭证，借记“银行存款——Y行账户 5000000”，贷记“其他应付款——A公司 5000000”，内部资金申请单和开户行收款通知作为原始凭证入账。记账凭证交出纳办理收款。登记账簿时，将上述业务过入其他应付款账簿“A公司”账户，用于核算应付的往来款。

(4) 内部关联单位代垫资金

实例：A公司和B公司是母子公司，B公司 2001 年 3 月 5 日采购原材料需资金 234000 元，但是B公司资金不足，经与A公司协商，由A公司代垫货款，3 月 6 日 A 公司向供货商电汇 234000 元。

账务处理：B公司会计结合代垫款申请文件审核“付款确认通知单”，审核无误后，进行下列账务处理：

制作记账凭证时，借记“原材料——××材料 200000”，借记“应交税金——应交增值税（进项税）34000”，贷记“其他应付款——内部往来——A公司 234000”，将代垫款申请文件和“付款确认通知单”作为原始凭证贴在记账凭证后面入账。

登记账簿时，会计将上述业务过入其他应收款账簿“A公司”账户核算。

(5) 来由不明的货币资金

实例：2001 年 2 月 9 日 A 公司出纳盘点库存现金，发现多出现金 50 元，出纳填写“库存现金长（短）款申报单”，经财务负责人审核后办理入账。

账务处理：会计审核“库存现金长（短）款申报单”，制作记账凭证，借记“现金”50，贷记“待处理财产损益”——待处理流动资产损益 50，“库存现金长（短）款申报单”作为原始凭证入账。

(6) 个人集资款

实例：MN 公司资金紧张，无力扩大经营，经公司董事会决议，向公司员工借款集资，并制订了员工借款集资文件。2001 年 7 月 8 日，员工 V 交来集资款 2000 元。

账务处理：会计审核集资文件，制作记账凭证，借记“现金 2000”，贷记“其他应付款——集资款——员工 V 2000”，记账凭证交出纳办理收款。登记账簿时，在其他应付款账簿设置“集资款”账户，用于核算应付的往来款。

（二）其他应付款销账管理

其他应付款销账主要包括：企业支付担保债务、支付预提的应付未付款项、偿还内部关联单位划入资金、偿还内部关联单位代垫资金、年终来由不明的货币资金转收入、归还个人集资款、支付其他应付未付员工的款项等。

1. 单证审核，制作记账凭证

（1）企业支付给外单位担保引发的债务

审核单证：会计审核“付款审批单”，确认入账依据、金额和合法合规性，并签署付款意见，经财务负责人审核确认后，交企业领导审批，会计依据企业领导的审批制作凭证入账。

制作记账凭证：借记“其他应付款——××单位”，贷记“银行存款——××行账户”。会计审核出纳填写的银行付款单证或票据，并签“财务章”。

（2）支付预提的应付未付款项

审核单证：会计审核“付款审批单”，确认入账依据、金额和合法合规性，并签署付款意见，经财务负责人审核确认后，交企业领导审批，会计依据企业领导的审批制作凭证入账。

制作记账凭证：借记“其他应付款——××单位”，贷记“银行存款——××行账户”。会计审核出纳填写的银行付款单证或票据，并签“财务章”。

（3）偿还内部关联单位划入资金

审核单证： 会计审核“付款审批单”，确认入账依据、金额和合法合规性，并签署付款意见，经财务负责人审核确认后，交企业领导审批，会计依据企业领导的审批制作凭证入账。

制作记账凭证： 借记“其他应付款——内部往来——××单位”，贷记“银行存款——××行账户”。会计审核出纳填写的银行付款单证或票据，并签“财务章”。

（4）偿还内部关联单位代垫资金

单证审核： 会计审核“付款审批单”，确认入账依据、金额和合法合规性，并签署付款意见，经财务负责人审核确认后，交企业领导审批，会计依据企业领导的审批制作凭证入账。

制作记账凭证： 借记“其他应付款——内部往来——××单位”，贷记“银行存款——××行账户”。记账凭证交出纳审核办理付款，会计审核出纳填写的银行付款单证或票据，并签“财务章”。

（5）年终来由不明的货币资金转收入

审核单证： 会计在年终时依法将来由不明的货币资金挂账转入营业外收入。

制作记账凭证： 借记“待处理财产损溢——待处理流动资产损溢”，贷记“营业外收入——出纳长款”。同时借记“现金”，贷记“待处理财产损益——待处理流动资产损益”。

（6）归还个人集资款

审核单证： 会计审核“付款审批单”，确认入账依据、金额和合法合规性，并签署付款意见，经财务负责人审核确认后，交企业领导审批，会计依据企业领导的审批制作凭证入账。

制作记账凭证： 借记“其他应付款——集资款”，贷记“现金”。记账凭证交出纳审核办理付款。

2. 其他应付款销账实例

（1）企业支付担保债务

实例： A公司为B公司担保，B公司到期不能付款，Y公司向A公司发出通知，要求偿付B公司购货款200000元。6月15日A公司向Y公司支付货款200000元。

账务处理： A公司会计结合索债通知审核“付款审批单”，无误后，借记“其他应付款——Y公司200000”，贷记“银行存款——K行账户200000”，将“付款审批单”作为原始凭证入账。登记账簿时，会计将上述业务过入其他应付款账簿“Y公司”账户，核销应付的往来款。

(2) 归还内部关联单位划入资金

实例： 2002年3月2日经集团内部财务公司，B公司归还A公司2001年8月3日划拨的资金5000000元。

账务处理： 会计审核“付款审批单”，制作记账凭证，借记“其他应付款——A公司5000000”，贷记“银行存款——S行账户5000000”，“付款审批单”作为原始凭证入账。记账凭证交出纳办理付款。登记账簿时，将上述业务过入其他应付款账簿“A公司”账户，用于核销应付的往来款。

(3) 来由不明的货币资金转收入

实例： 2001年2月9日A公司发生的出纳长款到年终仍然不明来由时，会计依法结转收入。

账务处理： 借记“待处理财产损益——待处理流动资产损益50”，贷记“营业外收入——出纳长款50”。登记账簿时，会计将上述业务过入其他应付款账簿“出纳长款”户，核销应付的往来款。

(4) 归还个人集资款

实例： MN公司员工借款集资到期时，按员工借款集资文件规定归还集资款本息时，公司付给员工V集资款本息2500元。

账务处理： 会计审核集资文件，制作记账凭证，借记“其他应付款——集资款——员工V 2500”，贷记“现金2500”，记账凭证交出纳办理付款。登记账簿时，将上述款项过入其他应付款账簿“集资款”账户，用于核销应付的往来款。

（三）其他应付款账簿和财务分析管理

其他应付款账簿管理详见第五章有关内容。

其他应付款财务分析管理主要有其他应付款构成分析、其他应付款账龄分析等，详见第五章有关内容。

第四节　事业单位应缴款项管理实务

一、应缴预算款管理实务

（一）流程管理

1. 流程图

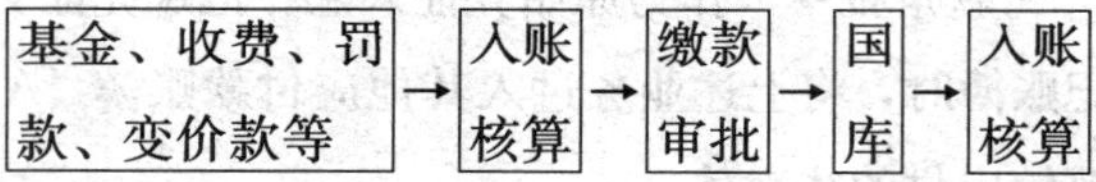

2. 流程说明

2.1 乡镇事业单位按国家有关法规和预算管理规定收取代收的纳入预算管理的基金、行政性收费收入、罚没收入、无主财产变价收入和其他按预算管理规定应上缴预算的款项，并入账核算。

2.2 每月月末前，乡镇事业单位按国家预算管理规定，经单位主管领导审批后，会计将上述款项在月末前及时解缴国库，不得缓缴、截留、挪用或自行坐支，并入账核算。

（二）应缴预算款挂账管理

应缴预算款挂账主要包括：事业单位代收的纳入预算管理的基金、行政性收费收入、罚没收入、无主财产变价收入、其他按预算管理规定应上缴预算的款项。

1. 单证审核，制作记账凭证

（1）纳入预算管理的基金

审核单证：结合有关基金征收管理规定，审核行政性收费收据和收款单证等单证，确认入账依据、金额和合法合规性等。

制作记账凭证：借记“现金”、“银行存款——××银行”等科目，贷记“应缴预算款——××收费”。

（2）罚款

审核单证：结合有关罚款证明，审核收款单证等单证，确认入账依据、金额和合法合规性等。

制作记账凭证：借记“现金”、“银行存款——××银行”等科目，贷记“应缴预算款——罚款”。

（3）没收财物变价款

审核单证：结合有没收财物清单和处置审批手续，审核收款单证等单证，确认入账依据、金额和合法合规性等。

制作记账凭证：借记“现金”等科目，贷记“应缴预算款——没收财物变价款”。

（4）无主财物变价款

审核单证：结合有无主财物清单和处置审批手续，审核收款单证等单证，确认入账依据、金额和合法合规性等。

制作记账凭证：借记“现金”等科目，贷记“应缴预算款——无主财物变价款”。

2. 应缴预算款挂账实例

实例：2004 年 4 月 8 日，D 镇畜牧兽医站依法征收畜禽防疫基金 62680 元。

账务处理：会计结合畜禽防疫基金征收管理文件，审核收款单证等单证，确认入账依据的真实性、完整性、合法合规性和“证证”一致性，无误后，进行下列账务处理：

制作记账凭证时，在“摘要”栏填写“征收畜禽防疫基金”，在“科目”和“金额”栏分别按总账科目和明细科目、借方和贷方填写分录，即借记“银行存款——农行 62 680”，贷记“应缴预算款——畜禽防疫基金 62680”，将收款单证等单证作为原始凭证贴在记账凭证后面入账。

在登记账簿时，在应缴预算款账簿将上述业务及金额过入账簿。

（三）应缴预算款销账管理

1. 单证审核，制作记账凭证

审核单证：审核当月应缴预算款和付款审批手续，确认入账依据、金额和合法合规性等。

制作记账凭证：借记“应缴预算款——××款项”，贷记“银行存款——××银行”。

2. 应缴预算款销账实例

实例：2004 年 6 月 30 日 Y 乡水产站将当月应缴预算款 40200 元缴入国库。

账务处理：会计审核当月应缴预算款缴款单和付款审批手续等，确认入账依据的真实性、完整性、合法合规性和“证证”一致性，无误后，进行下列账务处理：

制作记账凭证时，在“摘要”栏填写“应缴预算款缴入国库”，在“科目”和“金额”栏分别按总账科目和明细科目、借方和贷方填写分录，即“应缴预算款 40200”，贷记“银行存款——农行 40200”，将应缴预算款缴款单和付款审批手续等单证作为原始凭证贴在记账凭证后面入账。

在登记账簿时，在应缴预算款账簿将上述业务及金额过入账簿。

（四）应缴预算款账簿和财务分析管理

应缴预算款账簿管理详见第五章有关内容。

应缴预算款财务分析管理主要有应缴预算款构成分析等，详见第五章有关内容。

二、应缴上级款管理实务

（一）流程管理

1. 流程图

2. 流程说明

2.1 独立核算的下级事业单位按规定的标准和比例计算应上缴上级单位的各种款项，并入账核算。

2.2 下级乡镇事业单位按规定向上级单位支付款项时，经单位主管领导审批后，会计将上述款项及时上缴上级乡镇事业单位，并入账核算。

（二）应缴上级款挂账管理

应缴上级款挂账主要包括下级事业单位按规定的标准和比例应上缴上级单位的各种款项。

1. 单证审核，制作记账凭证

审核单证：结合有关向上级单位缴款管理文件的规定，审核应上缴上级单位款结算单等单证，确认入账依据、金额和合法合规性等。

制作记账凭证： 借记“结余分配——应缴上级款”科目，贷记“应缴上级款”。

2. 应缴上级款挂账实例

实例： 2004 年 5 月 31 日 A 乡甲村卫生院结算应缴上级单位乡

医院医药费结余，当月应上缴医药费结余 27640 元。

账务处理：会计依据有关管理规定，审核应缴乡医院医药费结余计算单等单证，确认入账依据的真实性、完整性、合法合规性和“证证”一致性，无误后，进行下列账务处理：

制作记账凭证时，在“摘要”栏填写“应缴乡医院医药费结余”，在“科目”和“金额”栏分别按总账科目和明细科目、借方和贷方填写分录，即借记“结余分配——应缴上级款 27640”，贷记“应缴上级款——医药费结余 27640”，将应缴乡医院医药费结余计算单等单证作为原始凭证贴在记账凭证后面入账。

在登记账簿时，往来账会计在应缴上级款账簿将上述业务及金额过入账簿。

（三）应缴上级款销账管理

1. 单证审核，制作记账凭证

审核单证：会计审核有关付款审批手续，确认入账依据、金额和合法合规性等。

制作记账凭证：借记“应缴上级款”，贷记“银行存款——××银行”。

2. 应缴上级款销账实例

实例：2004 年 5 月 31 日 A 乡甲村卫生院向乡医院支付当月应上缴的医药费结余 27640 元。

账务处理：会计审核付款审批手续等单证，确认入账依据的真实性、完整性、合法合规性和“证证”一致性，无误后，进行下列账务处理：

制作记账凭证时，在“摘要”栏填写“应缴财政专户款缴入国库”，在“科目”和“金额”栏分别按总账科目和明细科目、借方和贷方填写分录，即借记“应缴上级款 27640”，贷记“银行存款——农行 27640”，将付款审批手续等单证作为原始凭证贴在记账凭证后面入账。

在登记账簿时，在应缴上级款账簿将上述业务及金额过入账簿。

（四）应缴上级款账簿和财务分析管理

应缴上级款账簿管理详见第五章有关内容。

应缴上级款财务分析管理主要有应缴上级款构成分析等，详见第五章有关内容。

三、应缴财政专户款管理实务

（一）应缴财政专户款管理流程

1. 流程图

行政事业性收费等预算外资金 → 入账核算 → 缴款审批 → 国库 → 入账核算

2. 流程说明

2.1 乡镇事业单位按规定收取国务院或省级人民政府及其财政、计划（物价）部门审批的行政事业性收费等代收的应上缴财政专户的预算外资金，并入账核算。

2.2 乡镇事业单位按国家预算外资金管理规定解缴国库，经单位主管领导审批后，会计将上述款项及时解缴国库，并入账核算。

（二）应缴财政专户款挂账管理

应缴财政专户款挂账主要包括事业单位依法收取的未纳入预算管理的财政性资金。

1. 单证审核，制作记账凭证

审核单证：会计结合有关收费管理文件，审核收款单证等单证，确认入账依据、金额和合法合规性等。

制作记账凭证：对于全额上缴的款项，借记“现金”、“银行存款——××银行”等科目，贷记“应缴财政专户款——××款”；对于按比例上缴的款项，借记“银行存款——××银行”等科目，借记“预算外资金收入——××收入”，贷记“应缴财政专户款——××款”。

2. 应缴财政专户款挂账实例

实例：2004年6月5日A乡水利站收到甲村缴来的水费105000元（12元/亩）。

账务处理：会计审核收款单证等单证，确认入账依据的真实性、完整性、合法合规性和“证证”一致性，无误后，进行下列账务处理：

制作记账凭证时，在“摘要”栏填写“甲村缴来水费”，在“科目”和“金额”栏分别按总账科目和明细科目、借方和贷方填写分录，即借记“银行存款——农行105000”，贷记“应缴财政专户款——水费105000”，将收款单证等单证作为原始凭证贴在记账凭证后面入账。

在登记账簿时，在应缴财政专户款账簿的子科目“水费”下单设账页，并将上述业务及金额过入账簿。

（三）应缴财政专户款销账管理

1. 单证审核，制作记账凭证

审核单证：会计审核有关应缴财政专户款项管理规定和付款审批手续，确认入账依据、金额和合法合规性等。

制作记账凭证：日常上缴款项时，借记“应缴财政专户款——××款项”，贷记“银行存款——××银行”；年终预算外资金结余上缴时，借记“预算外资金收入”，贷记“应缴财政专户款——××款项”，同时，借记“应缴财政专户款——××款项”，贷记“银行存款——××银行”。

2. 应缴财政专户款销账实例

实例：2004年10月31日，W镇卫生防疫站将当月应缴财政专户款15300元缴入国库。

账务处理：会计审核应缴财政专户款缴款单和付款审批手续等，确认入账依据的真实性、完整性、合法合规性和“证证”一致性，无误后，进行下列账务处理：

制作记账凭证时，在“摘要”栏填写“应缴财政专户款缴入国库”，在“科目”和“金额”栏分别按总账科目和明细科目、借方和贷方填写分录，即借记“应缴财政专户款15300”，贷记“银行存款——农行15300”，将会应缴财政专户款缴款单和付款审批手续等单证作为原始凭证贴在记账凭证后面入账。

在登记账簿时，在应缴财政专户款账簿将上述业务及金额过入账簿。

（四）应缴财政专户款账簿和财务分析管理

应缴财政专户款账簿管理详见第五章有关内容。

应缴财政专户款财务分析管理主要有应缴财政专户款构成分析等，详见第五章有关内容。

第五章　往来账会计账簿和财务分析管理实务

第一节　往来账会计账簿管理实务

一、概述

（一）会计账簿管理一般要求

会计账簿是重要的会计资料，它是会计核算组织和核算过程的体现，是真实、正确核算和反映乡镇经济主体财务状况的重要保证。依法设置会计账簿，建立核算体系，是我国《会计法》的要求。

会计账簿管理主要包括：设置会计账簿、建立明细核算账户、过账、核算和对账。在日常工作中，会计账簿核算有一定的规范化要求。

1. 过账“摘要”

会计核算也是一种规范业务管理的语言，财务人员的过账“摘要”应该既反映经济业务的内容，同时又能体现既定的管理要求，一般来说，“摘要”中应该注明“所在单位或部门”、“经办人名称”、“合同号”和特定的经济业务内容等。

此外，会计过账时要分清币种，分清“借方”和“贷方”，分清“红字”和“蓝字”。对已经过账的凭证，应该养成在记账凭证上作标记的习惯。

2. 核算要求

会计核算是对能用货币表现的经济业务的反映和监督的管理过程，依据国家有关财经法规的要求，设置总分类账、明细分类账、日记账、辅助账，依法建立科学的会计核算体系。

对于各明细分类账建账，会计应依据国家会计制度，遵循重要性原则，分设明细账户，单独设置账页，单独核算。

依据有关规定，会计账簿应该逐页逐行登记账簿，中间不得有空白页或空白行，在每页最后一行打出“过次页”，在次页的第一行打出“承前页”。在每月结账时，打出“月结”和“累积”，按照数量金额式核算，计算并记录发生额、数量、单价和余额，在会计年度终结时，还要打出“本年累计”和“结转下年”，将会计年度终结时的结余转入下一核算年度。在次年初，打出“上年结转”，并将上年的结余过入当年。

月末和年终结账时，与总账核对余额和本期发生额，保证账账一致，如果不一致，应及时查找，发现并解决可能存在的问题。

有外币业务的企业，应该按币种分设账户单独核算。按照本单位会计核算办法，要求在月末或年终计算汇兑损益的企业，会计应该在每个月末或年终按本单位的会计核算方法计算出汇兑损益，并制作记账凭证入账核算。

会计在日常过账时，如果记错了借（贷）方，或记错了数字，应先用红笔在错记的金额上划红线，并签上自己的名章，以分清责任；然后，再用蓝笔在正确的金额栏内正确记账。

（二）往来账会计账簿管理

往来账会计账簿的设置和核算，通常根据经济主体的经济业务情况和单位的管理要求，依据国家相应的会计制度办理。在总账科目下，可以依法设置“子科目”、“二级子科目”等核算账户。概括地说，各乡镇经济主体可以设置的总账核算科目主要有：

1. 乡镇行政单位往来账核算科目包括“暂付款”、“暂存款”、“应缴预算款”、“应缴财政专户款”；

2. 全额拨款事业单位和差额补助事业单位往来账核算科目包括“应收账款”、“预收账款”、“应付账款”、“预付账款”、“其他应收款”、“其他应付款”、“应缴预算款”、“应缴上级款”、“应缴财政专户款”；

3. 村集体经济组织往来账核算科目包括“应收款”、“应付款”、“内部往来款”；

4. 企业和自收自支事业单位往来账核算科目包括“应收账款”、“预收账款”、“应付账款”、“预付账款”、“其他应收款”、“其他应付款”、“应收家庭农场款”、“应付家庭农场款”等。

二、往来账会计账簿管理实务

(一) 建立核算账户

1. 以债权或债务对象设置“子科目”核算

以债权或债务对象设置“子科目”核算的往来账主要有：暂付款、暂存款、应收款、应付款、内部往来款、应收账款、预收账款、应付账款、预付账款、其他应收款、其他应付款、应收家庭农场款、应付家庭农场款等。

例如：会计在建账核算时，在应收账款科目下设置子科目账户“应收账款——北京红叶文化公司”，并单独设账页，用于记录和核算应收回的往来账款。当收回对方单位或个人合同款时，会计在此已设的账户下逐笔核销该收回的往来账款。通常，当年内，在该子科目账户销户前，发生的后续应收账款挂账也在此子科目账户下核算。

2. 以款项类别设置“子科目”核算

以款项类别设置“子科目”核算的往来账主要有：应缴预算

款、应缴财政专户款、应缴上级款、其他应收款、其他应付款等。例如："应缴预算款——罚款"、"其他应收款——备用金"。

（二）明细账簿管理实例

例 1. 应收账款账簿管理实例

应收账款明细账

河北 AB 公司　　第 1 页

单位：元

2004 年 月	2004 年 日	凭证号	摘要	对方科目	页数	借方	贷方	借或贷	余额
			上年结转					借	63 200
1	10	59	BJ2001－XS021 河北 AB 公司欠债款			20 000			
1	16	78	收河北 AB 公司欠款				83 200		
			月结			20 000	83 200		0
2	26	86	BJ2001－XS036 河北 AB 公司欠货款			60 000			
			月结			60 000		借	60 000
			累计			80 000	83 200		
3	6	15	收河北 AB 公司 BJ2001－XS036 欠款				60 000		0
			过次页				60 000		0

第 2 页

			承前页				60 000		0
3	10	24	BJ2001－XS040 河北 AB 公司欠货款			50 000			
3	16	58	收河北 AB 公司 BJ2001－XS040 欠款				50 000		
			月结			50 000	110 000		0
			累计			130 000	193 200		
12	28	100	BJ2001－XS078 河北 AB 公司欠货款			80 000			
			月结			80 000		借	80 000
			本年累计			210 000	193 200		
			结转下年					借	80 000

例 2. 预收账款账簿核算实例

预收账款明细账

杭州 ZX 公司　　第 1 页

单位：元

2001年 月	2001年 日	凭证号	摘要	对方科目	页数	借方	贷方	借或贷	余额
1	26	94	收杭州 ZX 公司 BJ2001—XS26 预付款				60 000		
			月结				60 000	贷	60 000

天津 XL 公司　　第 5 页

单位：元

2001年 月	2001年 日	凭证号	摘要	对方科目	页数	借方	贷方	借或贷	余额
			上年结转					贷	180 000
2	16	60	结算杭州 ZX 公司 BJ2001—XS26 预付款			180 000			
			月结			180 000			0

例 3. 应收外汇账款建账核算实例

应收外汇账款明细账

埃索环球贸易公司　　第 1 页

2001年 月	2001年 日	凭证号	摘要	对方科目	页数	外币（美元） 借方	外币（美元） 贷方	外币（美元） 余额	汇率	人民币（元） 借方	人民币（元） 贷方	人民币（元） 借或贷	人民币（元） 余额

例 4. 应付账款账簿核算实例

应付账款明细账

太原 NB 公司　　第 1 页

单位：元

2001 年		凭证号	摘要	对方科目	页数	借方	贷方	借或贷	余额
月	日								
			上年结转					贷	96 000

北京 LKJ 公司第 7 页

单位：元

2001 年		凭证号	摘要	对方科目	页数	借方	贷方	借或贷	余额
月	日								
5	8	21	BJ2001—CG020 欠北京 LKJ 公司货款				62 000		
5	12	36	付 BJ2001—CG020 北京 LKJ 公司货款			62 000			
			月结			62 000	62 000		0

例 5. 预付账款账簿核算实例

预付账款明细账

南京 YH 公司　　第 1 页

单位：元

2001 年		凭证号	摘要	对方科目	页数	借方	贷方	借或贷	余额
月	日								
5	10	38	预付 BJ2001—CG037 南京 YH 公司设备款			400 000			
			月结			400 000		借	400 000
6	25	89	结算 BJ2001—CG037 南京 YH 公司设备款				385 000		

			月结				385 000	借	15 000
			累计			400 000	385 000		

例 6. 内部往来账簿管理实例

内部往来明细账

3 组——陈二　　第 7 页

单位：元

2001 年		凭证号	摘　要	对方科目	页数	借 方	贷 方	借或贷	余　额
月	日								
			上年结转					借	650 000

例 7. 应缴预算款账簿管理实例

应缴预算款明细账

罚款　　第 7 页

单位：元

2001 年		凭证号	摘　要	对方科目	页数	借 方	贷 方	借或贷	余　额
月	日								
			月结						

第二节 往来账会计财务分析管理实务

一、概述

往来账会计财务分析，可以及时反映经济主体债权和债务发生及其管理情况，有利于及时揭示管理缺陷和不足，以便于经济主体有重点、有针对性地采取纠正和补救措施，保证债权和债务的安全管理。

经济主体财务分析工作的开展，主要是通过采取切实可行的分析方法，对一些分析指标进行技术处理，更明确、直观地反映其业务开展和债权债务管理的实际情况。

因本书往来账会计财务分析涉及面宽，本书介绍的财务分析方法和指标，对特定经济主体并不一定都适用，在实际工作中可以根据本单位的实际情况和需要，选择使用。

往来账会计主要财务分析方法和指标的作用为：

（一）往来账发生额构成分析。它可以反映经济主体单位当期债权和债务发生情况，揭示发生的原因，以便于进一步加强客户信用管理和商业信用融资管理。

（二）往来账挂账构成分析。它可以反映乡镇行政和事业单位应缴财政预算资金和预算外资金来源的构成，有利于更好地管理财源。

（三）往来账销账构成分析。它可以反映经济主体债权回收和债务支付情况。

（四）往来账期末余额构成分析。它可以反映经济主体期末债权和债务构成，有利于有重点、有针对性地管理债权和债务。

（五）往来账期末余额账龄分析。它可以反映经济主体债权和债务安全管理情况。

二、往来账会计财务分析管理实务

（一）往来账发生额构成分析

往来账发生额构成分析主要有应缴预算款发生额构成分析、应缴财政专户款发生额构成分析、应缴上级款发生额构成分析。例如：

应缴预算款发生额构成分析表

日期：

应缴预算款名称	期末余额	占总额比例	备注
罚款			
没收财物变价款			
无主财物变价款			
……			
合计			

（二）往来账挂账构成分析

往来账挂账构成分析主要有暂付款挂账构成分析、暂存款挂账构成分析、应收款挂账构成分析、应付款挂账构成分析、应收账款挂账构成分析、预收账款挂账构成分析、应付账款挂账构成分析、预付账款挂账构成分析、其他应收款挂账构成分析、其他应付款挂账构成分析。例如：

应收账款挂账分析表

年　月份

<table>
<tr><td colspan="4">本期应收账款挂账总额：</td></tr>
<tr><td colspan="3">一、赊销期内销售商品或提供劳务挂账金额：</td><td>占总比例：</td></tr>
<tr><td>序号</td><td>客户名称</td><td>金　额</td><td>所占比例</td></tr>
<tr><td></td><td></td><td></td><td></td></tr>
<tr><td></td><td></td><td></td><td></td></tr>
<tr><td colspan="3">二、赊销期内销售商品或提供劳务挂账金额：</td><td>占总额比例：</td></tr>
<tr><td>序号</td><td>客户名称</td><td>金　额</td><td>所占比例</td></tr>
<tr><td></td><td></td><td></td><td></td></tr>
<tr><td></td><td></td><td></td><td></td></tr>
<tr><td colspan="3">三、采购或委外加工退货金额：</td><td>占总额比例：</td></tr>
<tr><td>序号</td><td>客户名称</td><td>金　额</td><td>所占比例</td></tr>
<tr><td></td><td></td><td></td><td></td></tr>
<tr><td></td><td></td><td></td><td></td></tr>
<tr><td colspan="3">四、票据未获承兑或未获付款金额：</td><td>占总额比例：</td></tr>
<tr><td>序号</td><td>客户名称</td><td>金　额</td><td>所占比例</td></tr>
<tr><td></td><td></td><td></td><td></td></tr>
<tr><td></td><td></td><td></td><td></td></tr>
<tr><td colspan="3">五、其他</td><td>占总额比例：</td></tr>
<tr><td>序号</td><td>客户名称</td><td>金　额</td><td>所占比例</td></tr>
<tr><td></td><td></td><td></td><td></td></tr>
<tr><td></td><td></td><td></td><td></td></tr>
<tr><td colspan="2">审核人：
审核日期：</td><td colspan="2">编制人：
审核日期：</td></tr>
</table>

注：表中具体分析的项目，由企业根据内部管理需要增减和调整。金额由会计根据应收账款明细账分析填列。

预收账款挂账分析表

年　月份

本期预收账款挂账总额：			
一、预收货款保证金：			占总比例：
序号	客户名称	金　额	所占比例
二、预收服务费：			占总额比例：
序号	客户名称	金　额	所占比例
三、预收工程款：			占总额比例：
序号	客户名称	金　额	所占比例
四、预收大型设备款：			占总额比例：
序号	客户名称	金　额	所占比例
五、其他			占总额比例：
序号	客户名称	金　额	所占比例
审核人： 审核日期：		编制人： 审核日期：	

注：表中具体分析的项目，由企业根据内部管理需要增减和调整。金额由会计根据预收账款明细账分析填列。

应付账款挂账分析表

年　月份

本期应付账款挂账总额：			
一、采购货物：			占总比例：
序号	客户名称	金　额	所占比例
二、接受加工修理修配劳务：			占总额比例：
序号	客户名称	金　额	所占比例
三、接受其他劳务：			占总额比例：
序号	客户名称	金　额	所占比例
四、其他：			占总额比例：
序号	客户名称	金　额	所占比例
审核人： 审核日期：		编制人： 审核日期：	

注：表中具体分析的项目，由企业根据内部管理需要增减和调整。金额由会计根据应付账款明细账分析填列。

其他应收款挂账分析表

年　月份

<table>
<tr><td colspan="4">本期其他应收款挂账总额：</td></tr>
<tr><td colspan="3">一、备用金：</td><td>占总比例：</td></tr>
<tr><td>序号</td><td>客户名称</td><td>金　额</td><td>所占比例</td></tr>
<tr><td></td><td></td><td></td><td></td></tr>
<tr><td></td><td></td><td></td><td></td></tr>
<tr><td colspan="3">二、外埠存款：</td><td>占总额比例：</td></tr>
<tr><td>序号</td><td>客户名称</td><td>金　额</td><td>所占比例</td></tr>
<tr><td></td><td></td><td></td><td></td></tr>
<tr><td></td><td></td><td></td><td></td></tr>
<tr><td colspan="3">三、关联单位拨款和垫款：</td><td>占总额比例：</td></tr>
<tr><td>序号</td><td>客户名称</td><td>金　额</td><td>所占比例</td></tr>
<tr><td></td><td></td><td></td><td></td></tr>
<tr><td></td><td></td><td></td><td></td></tr>
<tr><td colspan="3">四、个人借款：</td><td>占总额比例：</td></tr>
<tr><td>序号</td><td>客户名称</td><td>金　额</td><td>所占比例</td></tr>
<tr><td></td><td></td><td></td><td></td></tr>
<tr><td></td><td></td><td></td><td></td></tr>
<tr><td colspan="3">五、其他</td><td>占总额比例：</td></tr>
<tr><td>序号</td><td>客户名称</td><td>金　额</td><td>所占比例</td></tr>
<tr><td></td><td></td><td></td><td></td></tr>
<tr><td></td><td></td><td></td><td></td></tr>
<tr><td colspan="2">审核人：
审核日期：</td><td colspan="2">编制人：
审核日期：</td></tr>
</table>

注：表中具体分析的项目，由企业根据内部管理需要增减和调整。金额由会计根据其他应收款明细账分析填列。

其他应付款挂账分析表

年　月份

本期其他应付款挂账总额：			
一、担保债务：			占总比例：
序号	客户名称	金　额	所占比例
二、内部关联单位划转和代垫资金：			占总额比例：
序号	客户名称	金　额	所占比例
三、个人集资款：			占总额比例：
序号	客户名称	金　额	所占比例
四、其他：			占总额比例：
序号	客户名称	金　额	所占比例
审核人： 审核日期：		编制人： 审核日期：	

注：表中具体分析的项目，由企业根据内部管理需要增减和调整。金额由会计根据其他应付款明细账分析填列。

（三）往来账销账构成分析

往来账挂账构成分析主要有暂付款销账构成分析、暂存款销账构成分析、应收款销账构成分析、应付款销账构成分析、应收账款销账构成分析、预收账款销账构成分析、应付账款销账构成分析、预付账款销账构成分析、其他应收款销账构成分析、其他应付款销账构成分析。例如：

应付账款销账分析表

年　月份

本期应付账款挂账总额：			
一、支付货款和加工、修理修配劳务：			占总比例：
序号	单位名称	金　额	所占比例
二、支付其他劳务费：			占总额比例：
序号	单位名称	金　额	所占比例
三、其他：			占总额比例：
序号	单位名称	金　额	所占比例
审核人： 审核日期：		编制人： 审核日期：	

注：表中具体分析的项目，由企业根据内部管理需要增减和调整。金额由会计根据应付账款明细账分析填列。

其他应付款销账分析表

年 月份

本期其他应付款销账总额：			
一、支付担保债务：			占总比例：
序号	客户名称	金 额	所占比例
二、偿还内部关联单位划转和代垫资金：			占总额比例：
序号	客户名称	金 额	所占比例
三、归还个人集资款：			占总额比例：
序号	客户名称	金 额	所占比例
四、其他：			占总额比例：
序号	客户名称	金 额	所占比例
审核人： 审核日期：		编制人： 审核日期：	

注：表中具体分析的项目，由企业根据内部管理需要增减和调整。金额由会计根据其他应付款明细账分析填列。

（四）往来账期末余额构成分析

往来账挂账构成分析主要有暂付款期末余额构成分析、暂存款期末余额构成分析、应收款期末余额构成分析、应付款期末余额构成分析、应收账款期末余额构成分析、预收账款期末余额构成分析、应付账款期末余额构成分析、预付账款期末余额构成分析、其他应收款期末余额构成分析、其他应付款期末余额构成分析、内部往来款期末余额构成分析。例如：

内部往来款期末余额构成分析表

日期：

往来户名称	期末余额	占总额比例	备注
农户陈二			
农户王三			
农户李二			
……			
合计			

应收账款期末余额构成分析表

日期：

客户名称	期末余额	占总额比例	备注
甲公司			
乙公司			
李二			
……			
合计			

（五）往来账期末余额账龄分析

往来账挂账构成分析主要有暂付款期末余额账龄分析、暂存款期末余额账龄分析、应收款期末余额账龄分析、应付款期末余额账龄分析、应收账款期末余额账龄分析、预收账款期末余额账龄分析、应付账款期末余额账龄分析、预付账款期末余额账龄分析、其他应收款期末余额账龄分析、其他应付款期末余额账龄分析。例如：

应收账款账龄分析表

截止日期

客户名称	应收账款余额账龄								
	1个月内		1—3个月	3—6个月	6—12个月	1—2年	2—3年	3—5年	5年以上
	赊销期内	逾期账款							
总计									
审核人： 审核日期：					编制人： 编制日期：				

注：表中金额，由往来账会计根据销售管理台账和应收账款明细账分析填列。

预收账款账龄分析表

截止日期：

单位名称	预收账款余额账龄								
	余额小计	1个月内	1—3个月	3—6个月	6—12个月	1—2年	2—3年	3—5年	5年以上
总计									
审核人： 审核日期：					编制人： 编制日期：				

注：表中金额，由往来账会计根据销售管理台账和预收账款明细账分析填列。

应付账款账龄分析表

截止日期：

单位名称	应付账款余额账龄								
	余额小计	1个月内	1—3个月	3—6个月	6—12个月	1—2年	2—3年	3—5年	5年以上
总 计									

审核人：　　　　　　　　　　编制人：

审核日期：　　　　　　　　　编制日期：

注：表中金额，由往来账会计根据采购管理台账和应付账款明细账分析填列。